A SOCIABILIDADE EM RISCO

bullying e outros conflitos

Maria Isabel da Silva Leme

editoracontexto

Foto de capa
Freepik

Montagem de capa e diagramação
Gustavo S. Vilas Boas

Preparação de textos
Lilian Aquino

Revisão
Beatriz Mendes

Dados Internacionais de Catalogação na Publicação (CIP)

Leme, Maria Isabel da Silva
A sociabilidade em risco : *bullying* e outros conflitos / Maria Isabel da Silva Leme. – São Paulo : Contexto, 2025.
128 p.

Bibliografia.
ISBN 978-65-5541-590-2

1. Psicologia 2. Relações interpessoais
3. Assédio I. Título

25-3710 CDD 150

Angélica Ilacqua – Bibliotecária – CRB-8/7057

Índice para catálogo sistemático:
1. Psicologia

2025

EDITORA CONTEXTO
Diretor editorial: *Jaime Pinsky*

Rua Dr. José Elias, 520 – Alto da Lapa
05083-030 – São Paulo – SP
PABX: (11) 3832 5838
contato@editoracontexto.com.br
www.editoracontexto.com.br

A SOCIABILIDADE EM RISCO

bullying e outros conflitos

Consulte nosso catálogo completo e últimos lançamentos em **www.editoracontexto.com.br**.

Sumário

Apresentação

O tema deste livro, a sociabilidade, foi escolhido em função da sua importância para a nossa sobrevivência e convivência harmoniosa e produtiva. A sociabilidade garante a sobrevivência tanto no início da vida, em que dependemos dos cuidados dos adultos, quanto depois, para convivermos com nossos pares aprendendo, cooperando uns com os outros e produzindo juntos. Assim, essa capacidade de nos envolvermos de modo adequado em nossas interações com os outros está presente em quase todos os momentos de nossas vidas. É importante lembrar que, por ser fruto da influência de vários fatores, como herança genética, desenvolvimento, aprendizagem e personalidade, ela pode variar quanto à sua adequação. Esse é um tema tratado em todos os capítulos devido à sua importância em nossas vidas.

No primeiro capítulo, definimos o que é sociabilidade, explicitando os processos psicológicos que a tornam mais ou menos adequada, como o desenvolvimento mental que propicia dois processos fundamentais, a empatia e a teoria da mente. Mostramos também outros processos que interferem no pleno desenvolvimento, como influência biológica, no caso o transtorno do espectro autista.

Outro fator fundamental é a personalidade, que envolve traços que favorecem a sociabilidade, como a extroversão e a introversão, o neuroticismo, a abertura à experiência, a amabilidade e a conscienciosidade. As variáveis demográficas como idade, gênero, nível socioeconômico e grau de densidade demográfica do local de moradia também interferem, assim como a cultura de origem, pelo tipo de relação com o outro que nela é enfatizado.

Outro aspecto que influi sobre a sociabilidade é o conflito interpessoal, que quando mal resolvido prejudica as relações entre as pessoas. Esta má resolução pode envolver, como estratégia, a agressão de uma parte contra a outra, que pode negociar, revidar ou se afastar, dependendo de suas características pessoais. Um conflito interpessoal destacado, não só no primeiro capítulo, mas também nos demais, é o causado por um tipo de assédio, o *bullying*. O *bullying* é considerado assédio porque consiste na importunação ou abuso frequente de uma pessoa, cujas relações com o assediador ficam prejudicadas, podendo haver impacto na saúde mental da vítima e também no ambiente onde ocorre. Finalmente, analisaremos a sociabilidade bem desenvolvida, que se manifesta por meio de características pessoais e comportamentais que conferem popularidade e influência ao indivíduo.

O segundo capítulo analisa o desenvolvimento da sociabilidade na família, discutindo o impacto das práticas de criação adotadas pelos pais – no caso, autoritárias, democráticas, indulgentes e displicentes – na resolução de conflitos pelos filhos na vida adulta. Na adolescência, o jovem encontra novos desafios, como os escolares, que vão interferir na sua sociabilidade, as relações com a família tornam-se mais conflituosas, frequentemente influenciadas pela personalidade. A influência dos pares de mesma idade é mais marcante, aumentando a importância dos conflitos com eles.

Alguns fatores que contribuem para a boa convivência familiar são apontados como importantes para o temperamento e a sociabilidade da criança, e os que são adversos impactam negativamente, por exemplo, o estresse materno. Características familiares como idade da mãe, nível socioeconômico, práticas de criação, participação nos relacionamentos sociais, valores são também importantes, influindo sobre autoconceito, autoeficácia, bem-estar e sociabilidade dos filhos.

O terceiro capítulo aborda a convivência na escola e seus impactos sobre a sociabilidade. São analisadas pesquisas que investigaram o ambiente escolar, verificando que a alta incidência de conflitos e exposição ao *bullying* dirigidos a aspectos pessoais presentes no ambiente escolar tornam difícil a convivência nesse espaço para alguns alunos. Estes têm dificuldades de interromper o assédio porque nem sempre têm acesso aos docentes e gestores que poderiam ajudá-los, seja porque não têm formação para tal ou mesmo porque preferem não se envolver em questões pessoais. O capítulo analisa ainda as características dos envolvidos nos assédios em forma de *bullying*, tanto agressores como vítimas. As pesquisas analisadas mostraram que as motivações dos praticantes de *bullying* variam desde retaliação, por já terem sido assim vitimizados, ou por questões sociais, como serem temidos ou até admirados pelas testemunhas da agressão. Já as vítimas se caracterizam pela sociabilidade prejudicada, em virtude da convivência negativa com os pares, que as agridem por serem tímidas, inseguras e não saberem se defender.

Outras características dos alunos que são importantes para a convivência escolar são analisadas, como as habilidades socioemocionais, que contribuem para o clima escolar, na medida em que favorecem a relação entre alunos e professores, diminuindo conflitos e *bullying*. Nesse sentido, o capítulo aborda também os programas de formação para alunos e para professores voltados para promover a convivência na escola e são analisadas ainda as intervenções para a melhoria dessa convivência, que têm produzido resultados positivos, mas precisam ainda de aperfeiçoamento, como avaliação dos efeitos a longo prazo. A conclusão é que o papel da escola na constituição da sociabilidade é importante por prover a convivência diversificada com pares de idade e origens diversas. Mas, em virtude dessa característica, também a convivência se apresenta como mais conflitiva, favorecendo ocorrências como *bullying*, e evidenciando a necessidade de intervenções para corrigir esses problemas

O quarto capítulo é dedicado à análise da convivência no ambiente de trabalho, em termos do assédio que pode ocorrer ali, como o *bullying* ou o assédio moral, que se caracteriza pela desqualificação frequente de uma pessoa ou por críticas injustas. As pesquisas analisadas mostram que o assédio ocorre mais nos ambientes organizacionais caracterizados pelo maior desequilíbrio de poder entre os setores superiores e os subordinados, o que pode favorecer a injustiça. Nesses ambientes, ocorrem assédios também por desigualdade de gênero e social, que favorecem o desequilíbrio de poder. A análise das pesquisas revistas favorece a conclusão de que o assédio no ambiente empresarial é facilitado pelo desequilíbrio de poder entre as diversas instâncias e pelo nível de organização interna, como a existência de regras de conduta, atribuições dos diversos setores e outros.

O capítulo analisa ainda o ambiente de convivência no setor educacional, considerado um dos mais vulneráveis a esse tipo de problema. Pesquisas realizadas verificaram que o assédio é perpetrado tanto por colegas, em geral mais antigos no local, como por superiores hierárquicos. Professores relatam até *bullying*, como ridicularização da aparência física, perpetrado por alunos contra os docentes. E, ainda, verifica-se assédio nas universidades, também perpetrado por colegas e superiores hierárquicos, o que confere mais gravidade ao problema pela maior dificuldade de defesa da vítima.

O penúltimo capítulo se dedica à análise da influência da mídia, especialmente as redes sociais, sobre a sociabilidade, cujo impacto é significativo principalmente entre os jovens. É destacado o papel mais ativo do usuário, que insere conteúdos e interage com outras pessoas, resultando em ações que influem em valores, concepções de si e na saúde física e mental, com risco de dependência, tendo em vista o surgimento de comunidades virtuais que pregam o ódio, e estimulam apostas, que devem ser objeto de atenção dos pais e demais educadores. O capítulo finaliza analisando a complexa relação da sociabilidade e as mídias sociais, devido à interferência de muitas variáveis, como características demográficas, culturais e pessoais, sobre o poder da tecnologia.

Finalmente, o último capítulo aponta conclusões favorecidas pelo exame das várias fontes de influência sobre a sociabilidade e traz algumas recomendações aos educadores sobre como proceder para estimular de modo positivo a sociabilidade dos jovens.

O que é sociabilidade?

Sociabilidade pode ser definida como a capacidade que os seres vivos têm de se envolverem de modo adequado em interações com os outros. Ela é moldada por quatro fatores: herança genética, desenvolvimento, aprendizagem e personalidade. Segundo a Psicologia, é provavelmente uma tendência inata, desenvolvida por causa das vantagens conferidas por ela ao ser humano. Os recém-nascidos, por exemplo, são quase totalmente indefesos e não podem garantir a própria sobrevivência, precisando de cuidado e proteção. Ao nascer, as condutas humanas ligadas à sobrevivência se limitam quase que somente ao sugar para se alimentar, chorar para sinalizar desconforto e distinguir sensações. Desde muito cedo a sociabilidade se manifesta: o sorriso do bebê, por exemplo, começa entre o primeiro e o segundo mês de vida. Embora ainda não seja intencional, trata-se de uma resposta ao bem-estar. A partir de oito semanas, o sorriso é intencional, dirigido a outro ser humano. Em torno de 8 meses, os bebês também mostram os primeiros sinais de diferenciação de si e do outro, algo essencial para a interação social. Eles passam a desviar o olhar, acompanhando as mudanças na direção do olhar da mãe, e manifestar desagrado ao se separar dela ou da pessoa responsável pelo seu cuidado. Essas reações consistem nos primeiros sinais de apego, vinculação afetiva essencial para o estabelecimento da sociabilidade.

A nossa sociabilidade é uma característica que se destaca entre aquelas responsáveis por nossa diferenciação em relação a outras espécies, como o desenvolvimento cerebral. Isso porque a nossa sociabilidade permite a aprendizagem com outro ser humano, baseando-se em operações mentais mais complexas e ampliando nosso potencial. Mesmo que outras espécies também aprendam em interações com os outros membros do grupo, elas são simples imitação de modelos, como acontece com os macacos capuchinho, que imitam a conduta de um membro do grupo, como abrir coquinhos usando uma pedra como martelo. Esses primatas exibem comportamentos evoluídos adaptando essa conduta para atingir seus objetivos com os meios disponíveis. Entretanto, mesmo dispondo de recursos de comunicação como gritos, não aprendem, até onde sabemos, como os seres humanos, por meio de recursos simbólicos como as interações verbais, que permitem a transmissão de conhecimento sem a necessidade da imitação, mas na forma de instruções sobre como proceder, tal como ocorre entre o indivíduo mais experiente e o menos. As vocalizações da maioria dos símios, como os capuchinhos, ao que tudo indica, funcionam apenas como sinais de alerta para outros membros do grupo. Nosso objetivo é justamente mostrar a importância da sociabilidade para o pleno desenvolvimento psicológico, tal como ocorre com o ser humano, isto é, via interações verbais, incluindo também os fatores que podem afetá-la, como o transtorno do espectro autista ou situacionais como o conflito interpessoal.

Embora a sociabilidade seja provavelmente inata, ela requer para seu funcionamento o desenvolvimento psicológico e a aprendizagem. Seu desenvolvimento é condicionado em grande parte pela interação entre o desenvolvimento físico nos primeiros anos de vida e o ambiente social em que ocorre. É importante ressaltar que as ligações entre os neurônios que se formam com o amadurecimento do cérebro que permitem que a cognição e o afeto se desenvolvam, propiciando a evolução da sociabilidade. Já foi verificado que a sociabilidade está associada à habilidade verbal, mais especificamente a fluência, compreensão e flexibilidade verbal, provavelmente porque esses aspectos favorecem a interação social. A estimulação social fornecida pelos responsáveis pelo cuidado do bebê auxilia na promoção do desenvolvimento da sociabilidade. Um bom exemplo é a capacidade do bebê, em torno dos 4 meses, de distinguir vozes familiares daquelas que não são, reagindo com a vocalização de pequenos sons às que são. E também, ao reagir negativamente à separação da mãe em torno dos 8 meses, quando começa a se locomover. Sem esses estímulos, pode ocorrer prejuízo no desenvolvimento da sua sociabilidade.

DESENVOLVIMENTO DA SOCIABILIDADE

Quando a fala começa, entre 10 e 12 meses, há um avanço no desenvolvimento, pois as possibilidades de interação ampliam-se e complexificam-se. Isso facilita a aquisição e o desenvolvimento de novos conhecimentos e habilidades, como a compreensão da conduta do outro por meio de informações que não são diretamente acessíveis pela percepção e também da expressão das próprias necessidades. Em suma, intensifica-se a influência da cultura. Essas mudanças são condição fundamental para o desenvolvimento da sociabilidade porque irão permitir que a criança veja a si mesma como alguém separado do outro, com necessidades e desejos próprios. Com o decorrer do desenvolvimento, essas mudanças permitirão que ela veja o outro também como um ser distinto dela e, assim, se ajuste a ele.

A teoria da mente é essencial para o desenvolvimento da sociabilidade durante a infância. Essa capacidade tem início na primeira infância, fase que compreende os primeiros 6 anos de vida de uma pessoa, e consiste na compreensão, interpretação e previsão do comportamento dos outros. Inicialmente, a criança demonstra essa capacidade quando mostra entender os desejos e as necessidades do outro. Porém, na primeira infância, a criança ainda necessita da colaboração de outros membros da cultura, que lhe fornecem informações e guiam sua conduta. À medida que a criança se desenvolve e seu conhecimento se amplia e se complexifica, ela passa a depender cada vez menos dessas informações. E compreende ainda que os pensamentos e as crenças de outra pessoa podem ser diferentes dos dela e influenciar seu comportamento.

É possível verificar pela Psicologia se a criança domina esse processo através de seu desempenho em uma atividade chamada tarefa da falsa crença. Nessa tarefa, narra-se o fato de que uma personagem, no caso uma outra criança, acredita em algo que não é verdadeiro. Após a descrição, questiona-se o que a personagem fará em uma situação em que a falsa crença está envolvida. Se a criança que está sendo testada tiver compreensão dos estados mentais, ou seja, se já revelar a chamada teoria da mente – o que ocorre por volta de 3 a 4 anos de idade – ela irá prever corretamente que a personagem se comportará de acordo com a falsa crença que mantém, e não de acordo com o que seria verdadeiro. Alguns estados mentais são mais facilmente identificáveis e são compreendidos antes que a teoria da mente seja dominada. São eles a compreensão de desejos e necessidades do outro, como o choro como reação ao desapontamento pela negação a um pedido.

Neste caso, o processo que está ocorrendo é o da empatia. A empatia é uma capacidade que envolve tanto a cognição como a afetividade. A primeira, por envolver a compreensão do estado emocional do outro, enquanto a segunda envolve compartilhar e experienciar o seu estado emocional. A empatia emerge por volta dos 2 anos de idade, sendo que nessa fase inicial ela se traduz de forma menos evoluída, isto é, sua manifestação é uma resposta ao contágio emocional que ocorre no indivíduo ao testemunhar a emoção alheia, impactando sua afetividade. Ela se manifesta pela expressão da mesma emoção manifestada pelo outro com quem se está empatizando. Com o decorrer do desenvolvimento, o processo se complexifica, envolvendo não só a afetividade, mas também a cognição e as habilidades sociais. Nessa evolução é verificado que, inclusive, mudam as áreas do cérebro que processam a empatia, no caso, migram do sistema límbico, que inicialmente processa as emoções, para a área pré-frontal, responsável pela cognição e pelo controle da emoção.

Alguns pesquisadores diferenciam empatia em dois tipos: cognitiva e afetiva. A empatia cognitiva é a que consiste no entendimento das emoções dos outros, enquanto a afetiva se refere ao compartilhamento das emoções alheias, podendo ser ainda diferenciada em positiva e negativa. A positiva consiste em sentir e compartilhar emoções positivas, enquanto as negativas, as opostas.

A dimensão cognitiva da empatia envolve a tomada de perspectiva, que é a habilidade de compreender o ponto de vista do outro, ser capaz de idealizar, identificando-se com personagens de filmes e livros, de se imaginar em situações fictícias. A dimensão emocional da empatia envolve experienciar sentimentos como mal-estar pessoal ao testemunhar o sofrimento alheio e sentimentos de compaixão pelos outros. Pode também envolver experienciar sentimentos positivos, como alegrar-se com a felicidade alheia provocada pelo sucesso. As pesquisas têm verificado que empatia está associada positivamente com a teoria da mente, principalmente a dimensão cognitiva. Na adolescência, os dois processos se tornam independentes.

A já mencionada teoria da mente é uma habilidade que também se complexifica com o desenvolvimento, podendo se referir não somente a atribuição de crenças ao outro, mas também a crenças sobre outras crenças, como a capacidade de identificar que um personagem em uma história está enganado quanto ao que acredita que outro personagem crê e fará. Como dissemos anteriormente, essa capacidade emerge mais tarde, depois dos 4 anos, porque depende da maturação de áreas do cérebro que estão envolvidas no processamento da informação. É importante salientar que o desenvolvimento da teoria da mente continua até o início da vida adulta, isto é, por volta de 20 anos.

No final da infância, na chamada pré-adolescência, isto é, entre 8 e 12 anos em média, observa-se que a teoria da mente se complexifica pelo uso de verbos que remetem a processos mentais internos, como pensar e achar. Na adolescência, a teoria da mente se complexifica ainda mais, revelando que o indivíduo é capaz de discriminar, compreender e atribuir intenções em situações mais complexas, como aquelas envolvendo sarcasmo, ironia, desafio ou ameaças. Na idade adulta, a habilidade de inferir estados mentais alheios ainda progride, mas verifica-se resultados contraditórios. Isso porque a fase adulta é a mais longa da vida, envolvendo tanto progresso como declínio, que ocorre com o aumento da idade. Além disso, a maioria dos estudos tem se concentrado na investigação do prejuízo observável nessa capacidade causado por algum distúrbio.

Um deles, o transtorno do espectro autista (TEA), interfere na maior ou menor sociabilidade, dependendo do grau. O TEA é um transtorno cognitivo e socioemocional que se caracteriza pelas deficiências sociais, afetando, portanto, a sociabilidade. A causa mais provável desse problema é a comunicação deficiente entre regiões do cérebro responsáveis pelo processamento de informações sociais, como interpretar corretamente o comportamento alheio. Esse processamento envolve o resgate na memória de informações sobre pensamentos e sentimentos das pessoas, que possibilitam a interpretação da situação e o desenvolvimento da teoria da mente. A linguagem é prejudicada e até inexistente em casos mais graves de autismo, o que afeta também a aprendizagem social e, portanto, a sociabilidade.

Resumindo, a sociabilidade se desenvolve gradualmente e é afetada por processos psicológicos, como tomada de perspectiva, empatia, teoria da mente, que evoluem à medida que o indivíduo se desenvolve, e também por alguns transtornos como TEA. Porém, é necessário considerar ainda a influência de outros fatores, como personalidade, aprendizagem e cultura em que ela ocorre.

IMPACTOS DA PERSONALIDADE

O impacto da personalidade sobre a sociabilidade é complexo, na medida em que envolve vários aspectos. As pesquisas têm mostrado que existem pessoas que são sociáveis e outras que são pouco sociáveis e preferem ficar sozinhas. E existem aquelas que são ainda menos sociáveis, sentindo-se tensas e inibidas em lidar com outras pessoas, e por isso resistem em enfrentar novos contextos sociais. O primeiro grupo seria apropriadamente denominado sociável, enquanto o segundo seria chamado pouco sociável. Já o terceiro seria considerado bastante tímido. A pouca sociabilidade não tem sido avaliada como algo que traz prejuízos em longo prazo, enquanto a timidez, sim, pois acarreta baixa autoestima, desempenho escolar prejudicado e até rejeição por pares. Pesquisas verificaram que a motivação para proximidade social é a que se mostra mais adaptativa. Já a esquiva ao contato social é menos adaptativa devido às consequências negativas.

Verifica-se que o indivíduo pouco sociável pode apresentar problemas de conduta, dificuldades com pares e pouco comportamento pró-social. Os indivíduos que se mostram pouco sociáveis têm apresentado também mais problemas emocionais. Essas tendências devem ser tratadas com cuidado na educação. Tudo indica que, ao se trabalhar com a sociabilidade e a timidez, as motivações para proximidade ou distância do contato social devem ser consideradas. Mas é preciso considerar o contexto em que a timidez se manifesta.

Vale lembrar que os traços de personalidade propiciam o entendimento dos motivos da conduta de uma pessoa, atribuindo a seus processos mentais a explicação da sua ação. Isso porque os traços de personalidade são tendências relativamente estáveis de modos de pensar, agir e sentir em determinadas situações. Os estudos sobre os traços de personalidade foram realizados em várias e diferentes culturas do mundo e, ao serem comparados, verificou-se a existência de cinco traços universais, que foram denominados Cinco Grandes Fatores, ou, como são mais conhecidos, The Big Five. São eles: neuroticismo, extroversão, abertura à experiência, amabilidade e conscienciosidade. Esse modelo tem embasado pesquisas interculturais e se mostrado válido nas conclusões sobre a presença desses traços em indivíduos de culturas diferentes.

Neuroticismo é a disposição manifestada pela pessoa para desenvolver problemas emocionais negativos, como raiva, revolta, ansiedade, impulsividade e depressão. As pessoas que desenvolvem esse traço têm maior tendência a interpretar as situações do cotidiano como negativas e potencialmente ameaçadoras. Já a tendência a menor neuroticismo se caracteriza pela disposição a interpretar as situações cotidianas de modo mais positivo. A extroversão é a abertura que a pessoa demonstra diante da perspectiva de novas experiências e contato com seus pares. A tendência contrária, isto é, a introversão, se manifesta pela disposição do indivíduo em evitar esses contatos, preferindo permanecer só. A abertura à experiência se manifesta pela disposição da pessoa em enfrentar novas situações com confiança e curiosidade. As pessoas que não apresentam essa característica são menos curiosas, não desejam buscar novas experiências. A amabilidade se caracteriza pela conduta confiante e generosa, disponível para acolher e ajudar as pessoas. Já os que não partilham essa característica tendem a ser egocêntricos e desconfiados em relação às intenções alheias, justificando assim sua conduta negativa. Finalmente, a conscienciosidade se refere à disposição da pessoa em se responsabilizar pelas suas tarefas e atribuições, desempenhando-as com empenho e comprometimento. O indivíduo que não desenvolve essa característica tende a se comportar de forma impulsiva e irresponsável em relação a suas atribuições e mesmo realizações pessoais.

Verificamos que a sociabilidade é muitas vezes baseada nessas características, mas principalmente na tendência à extroversão, à amabilidade e à abertura à experiência. É provável que esteja também associada à ausência de neuroticismo, no sentido de interpretar as situações de modo mais positivo, estando a pessoa mais propensa à interação social. Da mesma forma, a conscienciosidade deve influir sobre a sociabilidade, na medida em que se baseia em uma tendência a sentimentos positivos, como generosidade e acolhimento. Porém, vale lembrar que não são apenas esses traços que influem sobre a tendência a maior ou menor extroversão. Dois traços culturais, individualismo e coletivismo, também influem de modo significativo sobre a sociabilidade, como será argumentado a seguir.

IMPACTOS DA CULTURA E CARACTERÍSTICAS DEMOGRÁFICAS

Existem várias definições de cultura, no entanto, a mais apropriada ao contexto do aprendizado da sociabilidade diz que ela é um sistema de padrões de ação e interação simbólicos, construídos e partilhados por um grupo estável de pessoas, que nela organizam sua experiência, dão sentido à própria vida e a transmitem de uma geração a outra. Vale observar que o conhecimento adquirido na cultura é um conhecimento de mundo, implícito e não totalmente interligado, que permite, por meio de interações com o outro, o alcance de modos satisfatórios de ação em determinados contextos. Essa é uma visão não determinística de cultura porque a pessoa não é um reflexo passivo da cultura, nem esta é uma somatória dos funcionamentos individuais de seus membros.

A influência da cultura se manifesta em traços que expressam sistemas de valores referentes, entre outros, à relação do indivíduo com o grupo a que pertence. Tais valores teriam se desenvolvido provavelmente já na Antiguidade, associados à prática de diferentes formas de organização socioeconômica, como agricultura ou comércio. Essas práticas implicam diferentes demandas de interação, como a cooperação entre os membros de um grupo agrícola para garantir a sobrevivência coletiva e a competição entre aqueles que praticam o comércio como atividade econômica, favorecendo a individual. É provável que essa relação tenha tido início na Antiguidade, podendo ser citados como exemplos característicos os gregos e os chineses. Na Grécia, o espaço geográfico mais acidentado – dificultando a agricultura – e a faixa litorânea mais extensa estimularam o comércio. Já na China, a agricultura foi atividade econômica principal devido também a características geográficas mais favoráveis a essa atividade. Assim, os sistemas de valores que se desenvolveram graças a essas características representaram os primeiros modelos de individualismo e coletivismo respectivamente, com repercussões importantes no pensamento e conhecimento produzido por cada grupo, que se manifestam até hoje no Ocidente e Oriente.

O individualismo, sistema de valores que caracteriza as culturas europeia e a norte-americana, sustenta como ideal de vida a liberdade individual de pensamento, de crenças e valores. Sustenta ainda que é responsabilidade de cada indivíduo traçar o próprio destino, independentemente do grupo. Já os sistemas coletivistas, mais típicos de culturas orientais, latino-americanas e árabes, sustentam como o ideal da existência humana o pertencimento e a preservação da harmonia no grupo. Assim, a liberdade para ser e escolher estaria limitada pelas aspirações e necessidades do outro, caracterizando o funcionamento interdependente.

Uma manifestação dessas diferenças pode ser observada na concessão de autonomia aos filhos. Em culturas coletivistas, onde a interdependência entre os membros é mais valorizada, o sentido de autonomia, por exemplo, agir de acordo com a própria vontade e responder por si mesmo, encontrados nas culturas individualistas é visto como indesejável e incompatível com os valores da primeira. Coerentemente, a educação dos filhos é compatível com esses valores, verificando-se que eles têm menor poder de decisão e autodeterminação nas famílias de culturas coletivistas do que nas individualistas.

Todavia, vale ressaltar que tais sistemas de valores são moderados ou salientados por outras variáveis, como as demográficas, que serão analisadas a seguir. As variáveis demográficas são características partilhadas por grupos que se identificam entre si por partilhar um mesmo atributo no interior de uma cultura. São elas idade, gênero, nível socioeconômico e características do local de moradia, como grau de urbanização, atividade econômica, que também são aspectos influentes nos traços de personalidade. Residentes de grandes áreas metropolitanas, densamente povoadas, tendem a ser mais individualistas do que aqueles moradores de cidades menores, independentemente da orientação geral da cultura do país e de gênero.

Esses resultados são possivelmente devidos à maior influência externa, mais típica em grandes metrópoles, que têm como atividades econômicas preponderantes comércio e negócios, estimulando mais a iniciativa individual e a migração e mobilidade das pessoas. As cidades menores são, em geral (embora cada vez menos), mais isoladas de influência externa e, por isso, seus habitantes estão mais propensos a manter valores tradicionais. Habitantes de centros urbanos densamente povoados tendem a ser mais individualistas também pela maior dificuldade em conhecer outros moradores. Da mesma forma, a tendência entre pessoas de nível socioeconômico mais elevado é de maior individualismo em comparação a pessoas provenientes dos círculos menos afluentes, em virtude da maior competição existente em suas atividades de subsistência, como comércio, em comparação a agrícolas, que requerem mais cooperação. Verifica-se, assim, que a sociabilidade pode ser afetada também por essas variáveis mais abrangentes.

Conclui-se, então, que a cultura, embora seja uma influência muito importante para a sociabilidade, não é determinante. Isso porque, como vimos, outras variáveis, como as demográficas, desempenham um papel importante na definição da personalidade e da sociabilidade. Verificamos que resultam na existência de funcionamentos psicológicos diferenciados em função da interação desses fatores. É importante observar que os sistemas de valores das diferentes culturas resultam, entre outros processos, em modos diferentes de lidar com conflitos, mais conciliador nas culturas coletivistas e mais confrontador nas individualistas. É o que será examinado a seguir.

CONFLITO INTERPESSOAL

O conflito interpessoal pode ser definido como uma situação de interação social que envolve alguma forma de oposição aos objetivos de uma das partes. Ele é próprio da vida, do conviver em grupo, pois cada indivíduo é um ser diferente e, portanto, o conflito não deve ser simplesmente reprimido. Deve, sim, ser enfrentado de tal modo que os envolvidos consigam chegar a um acordo entre si por meio da negociação, cujo resultado satisfaça na medida do possível os objetivos de cada um. Esse modo de enfrentamento pacífico, que tem sido denominado assertivo, é o mais desejável, porque concilia os interesses de todos, sem recorrer à violência. Por outro lado, o uso da violência, estratégia agressiva, é bastante frequente nos conflitos. Ocorre quando uma das partes impõe sua vontade à outra usando violência física ou verbal, ou até ambas, para conseguir atingir seus objetivos. Mesmo o conflito sendo parte da vida, é importante, desde cedo, educadores, da família e da escola, enfatizarem às crianças que essa estratégia é indesejável porque envolve dano à parte agredida, podendo até resultar em ruptura da relação.

Outra estratégia pacífica, geralmente usada em conflitos por quem tem medo de confrontos e agressão, é a submissão. Essa estratégia se caracteriza pela esquiva ao enfrentamento do conflito, motivada pelo medo ou pela falta de preparo para negociar. Essa estratégia também pode ser expressa pelo agredido com um comentário para o agressor, dizendo, por exemplo, que ele está cometendo uma injustiça sem, porém, negociar uma solução.

Além disso, é frequente o uso de uma estratégia que denominamos mista, que combina agressão e submissão. Esta estratégia se caracteriza pelo não enfrentamento da situação, porém, a vítima, ao mesmo tempo que se submete, traça planos de vingança futura, em geral agressão indireta, como caluniar o agressor, propagar informações falsas sobre ele.

Pesquisas têm verificado uma tendência bastante forte entre um terço dos seus participantes, que consiste em não reagirem quando provocados. Por outro lado, um contingente semelhante tende a resolver os conflitos apelando para a coação, buscando assim intimidar o outro. Essas estratégias de coação, isto é, agressivas, são em geral usadas com mais frequência por indivíduos do sexo masculino do que do feminino. Quando envolvidas em conflitos, pessoas do sexo feminino mostram maior tendência a usar soluções assertivas do que as do sexo masculino, provavelmente porque a agressividade é mais reprimida nas mulheres.

Outras pesquisas revelaram ainda que alunos sofrem mais provocações do que as alunas nas escolas, sendo os mais frequentes insultos apelidos e difamação. Relatam ainda sofrer também mais agressão física, difamação e dano a pertences. Já as alunas informam menores proporções de agressões, sendo as mais frequentes as agressões veladas ou indiretas, como danificação de pertences e difamação. Mas, mesmo em menor proporção do que os alunos, também relatam agressões diretas, como ameaças e empurrões. Vale observar que a vitimização que ocorre de forma relacional, pela manipulação dos vínculos de amizade e *status* no grupo, resulta em medo da vítima de se aproximar de pares por receio de rejeição, aumentando a desconfiança em relação ao grupo.

A vitimização por agressão física ameaça o sentimento de segurança, levando a reações impulsivas causadas pela má interpretação das intenções de pares e das consequências em longo prazo. Também pode trazer ansiedade e depressão pela necessidade de entender os motivos de ser alvo deste tipo de violência. Verifica-se, assim, que esses tipos de reação aos conflitos podem prejudicar o desenvolvimento da regulação das emoções, afetando a sociabilidade.

Uma pesquisa realizada em escolas públicas e privadas da cidade de São Paulo mostrou que conflitos mal resolvidos fazem com que a escola, onde muitas vezes eles ocorrem, seja considerada um local pouco atraente para cerca de um quarto dos alunos, que avaliam ter poucos amigos no ambiente escolar e até inimigos, o que os leva a desejar mudar de estabelecimento de ensino. Segundo esses alunos, as agressões que mais acontecem são insultos, apelidos, empurrões e difamação. Nas escolas públicas, as agressões, tanto indiretas como diretas, são mais frequentes do que nas escolas privadas, onde são mais coibidas.

As estratégias de resolução de enfrentamento pacíficas, como a negociação, são mais frequentes nas escolas privadas do que nas públicas. Porém, uma variável importante é a proximidade com a pessoa envolvida no conflito. Nos conflitos com colegas, a tendência de resolução é submissão ou coerção. Já com pessoas próximas, como amigos, ocorre mais negociação. Vale ainda observar que, mesmo que não haja proximidade com a outra parte envolvida no conflito, quando este envolve um direito inquestionável, por exemplo a propriedade de algo que está em disputa, a tendência dos alunos é não reagir, se submetendo por respeito a isso.

Os locais onde mais acontecem os conflitos, segundo os alunos, são no pátio, na hora do recreio, nas classes, na ausência do professor, nos corredores e na saída da escola. Nas escolas públicas, observou-se que é mais frequente ocorrerem provocações, como insultos, na sala de aula mesmo na presença do professor.

Verifica-se, assim, que as situações que podem prejudicar a sociabilidade, isto é, conflitos interpessoais, podem ser resolvidas de forma pacífica ou não, dependendo do sexo dos indivíduos envolvidos. Outras características que podem também influir serão analisadas a seguir.

FUNCIONAMENTO PSICOLÓGICO DOS ENVOLVIDOS EM CONFLITOS

Alguns estudos identificaram características dos indivíduos que tendem a apelar para a violência para resolver seus conflitos. São elas, a falta de acurácia na interpretação da emoção do outro e, provavelmente, devido a esta lacuna, a ausência de empatia. Essas características já se manifestam na primeira infância, pois as crianças com tal tendência tendem a atribuir raiva e hostilidade ao outro com maior frequência. Como tendem a reagir de modo mais violento a situações que podem ser acidentais, são muitas vezes evitadas pelos pares de idade, o que pode agravar o quadro, em virtude de menos oportunidades de aprendizado sobre essas ocasiões.

Essas situações, quando são mal interpretadas, podem levar à hostilidade e à agressão ao outro, criando um círculo vicioso de falta de experiência e reações violentas em situações que poderiam ser interpretadas de outra forma. Este tipo de reação tem sido denominada agressão reativa. Já a conduta denominada "agressão proativa" é a cometida intencionalmente, sem que haja motivo e contra vítimas percebidas como mais vulneráveis. Esse tipo de agressor visa ao ganho pessoal como prestígio e controle, não sentindo culpa nem empatia pela vítima. O *bullying* é um bom exemplo desse tipo de agressão.

Características do indivíduo como reatividade, responsividade e autorregulação são relativamente estáveis, mas podem mudar em situações de estresse. Esses aspectos influem sobre o funcionamento social da criança, sua relação com pares e cuidadores, principalmente a autorregulação, que consiste na capacidade de modular as emoções para se adaptar às diferentes situações. A sociabilidade é um processo central para a regulação emocional, pois as crianças que mantêm proximidade com as pessoas – o que é muito importante para o desenvolvimento da sociabilidade – desenvolvem melhor as estratégias de autorregulação e são mais aceitas pelos seus pares. Já as que têm problemas de autorregulação e tendem a evitar contato são mais rejeitadas e excluídas. Observando o outro, interagindo com ele, a criança aprende sobre empatia, tomada de perspectiva e como interagir com as pessoas. Boa sociabilidade associada à boa regulação emocional favorece mais interações sociais produtivas, contribuindo para mais aprendizagem nas interações, que são importantes para o desenvolvimento das habilidades sociais.

Outra evidência da importância da autorregulação para a sociabilidade foi verificada em adolescentes que tendem a apelar para a violência para resolver seus conflitos. Como já mencionado, crianças que agem assim tendem a não expressar os sentimentos despertados por essas situações. Quando indagadas, nem conseguem justificar suas reações violentas. Pesquisas têm verificado que esses indivíduos desconhecem os próprios sentimentos, o que os torna, portanto, menos capazes de identificar os do outro, sentir empatia e se ajustar a ele. Assim, reagem impulsivamente às situações de confronto com que se deparam, usando com frequência a violência para resolvê-las. Essas crianças necessitam de intervenção de seus educadores para aprender a identificar os próprios sentimentos nas diferentes situações e, assim, conseguir interpretar corretamente os da outra parte envolvida no conflito, e ajustar sua conduta.

Vale lembrar ainda o papel da cultura na resolução de conflitos. Nas já mencionadas culturas coletivistas, em que a harmonia entre os membros do grupo para a cooperação é mais valorizada do que a autonomia individual, a manifestação de sentimentos negativos como a raiva é coibida, em virtude da maior probabilidade de resultar em uso de violência no processo de resolução. Já nas culturas individualistas, onde a autonomia individual é mais valorizada do que a harmonia no grupo, a manifestação de sentimentos, mesmo que negativos, é menos reprimida. Verifica-se, assim, que a sociabilidade está sujeita à intervenção de vários fatores que intervêm sobre o seu desenvolvimento, criando em alguns casos um círculo vicioso. Um outro tipo de conflito que pode afetá-la de modo significativo é o *bullying*.

BULLYING E *CYBERBULLYING*

O *bullying* tem se tornado cada vez mais mencionado nas pesquisas que investigam o conflito interpessoal. Essa prática pode ser definida como provocações frequentes perpetradas por um agressor que intimida deliberadamente a vítima, ridicularizando-a em público, presencial ou virtualmente, como nas redes sociais. Tem se verificado que o agressor pode até mesmo agredir fisicamente a vítima sem qualquer motivo para isso. Em geral, esse agressor é motivado pelo desejo de se sobressair, de se afirmar socialmente como alguém corajoso a ser respeitado. Depende, para tanto, da presença de uma "plateia" de espectadores, em geral colegas da escola.

É importante situar o contexto em que ocorre o *bullying*. Além dos colegas que não reagem defendendo a pessoa agredida, por medo de vir a tornar-se a próxima vítima, os perpetradores contam também com aqueles que o apoiam, em geral seus amigos. É importante lembrar que esse agressor é competente em identificar potenciais vítimas, que são, muitas vezes, retraídas ou tímidas, com menos habilidades sociais para se defender.

Uma pesquisa brasileira realizada em escolas públicas e privadas com cerca de dois mil adolescentes revelou que os praticantes de *bullying* mostram que carecem de valores morais, justificando esse tipo de assédio de modo totalmente indiferente ao impacto sobre o outro. São praticados por jovens que não desconhecem regras de boa convivência e valores como respeito, tolerância, generosidade e apreço pelo bem-estar do outro. Pelo contrário, o que guia sua conduta de provocar sofrimento assediando o outro é o menosprezo, o desejo de se sobressair às custas dele, de se afirmar como forte e espirituoso, não importa o sofrimento que esteja infligindo à vítima. A falta de empatia é uma característica que também distingue esses assediadores e seus apoiadores.

Já a reação dos pares que testemunham o *bullying* depende do vínculo com os envolvidos e do tipo de agressão. Como já colocado, a ausência de reação é motivada em grande parte por medo de retaliação da parte do agressor, ou mesmo por haver uma interpretação equivocada de que aquilo pode ser só uma brincadeira entre amigos. Mas, além dos que não reagem por medo, também frequentemente estão presentes colegas que defendem a vítima. A tendência maior é defender a vítima quando se é um amigo ou amiga. Alguns intervêm, independentemente de amizade ou não com a vítima, pois se sentem motivados por empatia com o seu sofrimento.

A empatia é considerada uma emoção moral, assim como a compaixão, que mobiliza as condutas pró-sociais, como defender alguém que está sendo agredido. A defesa da vítima é considerada legítima quando se constata que ela não consegue se defender, que se encontra claramente em desvantagem na situação ou, ainda, se a frequência ou violência dos ataques aumenta. Uma pesquisa verificou que os pares que agem como defensores avaliam a severidade da agressão, a relação que tem com o agressor e com a vítima e como podem enfrentar a situação. As características desses colegas que atuam como defensores são bem diferentes dos agressores. São dotados de empatia e de um estilo de enfrentamento de problemas mais adequado, como o conciliador. Vários pesquisadores recomendam que os programas de intervenção se concentrem em empoderar os defensores para prevenir os problemas de assédio na escola, em vez de focar nos agressores e nas vítimas. Esse tipo de intervenção pode garantir uma convivência pacífica nas instituições escolares.

Um outro sentimento importante nessas situações envolvendo agressões como o *bullying* é a vergonha. E ela envolve o sentido de responsabilidade pelas próprias ações, sendo despertada quando tais ações são inadequadas, discordantes das normas sociais aceitas. A vergonha tem um papel importante na regulação das condutas morais, principalmente na responsabilidade que se tem com o outro. Quando a conduta imoral se torna explícita, a vergonha é despertada naqueles que mantêm valores éticos contrários ao ato.

Porém, os indivíduos que cometem agressões deliberadas como o *bullying* não têm esse sentimento, nem tendem a abandonar o assédio. Pelo contrário, a tendência é a repetição com a justificativa de que a vítima merece. As testemunhas que o apoiam também não sentem vergonha da agressão. Já os que defendem a vítima reconhecem o sentimento de vergonha em situações que envolvem assédio porque esta será despertada neles se não intervierem em uma situação reconhecidamente errada.

Vale observar que uma variável importante é o clima escolar onde ocorre o assédio, que influi sobre a probabilidade de os defensores agirem. Quando o clima escolar é percebido como seguro, aumenta a probabilidade de os defensores agirem em defesa da vítima. A intervenção dos professores é essencial para o estabelecimento de um clima escolar desfavorável à ocorrência de *bullying*. Se o docente apoia explicitamente a vítima e estimula os alunos a participarem da prevenção desse tipo de agressão, é criado um ambiente de relações sociais positivas, que favorecem a percepção de proximidade com o outro, estimulam a compaixão, a empatia, a reciprocidade e as condutas pró-sociais, como defender a vítima.

A mais recente forma de prática de *bullying* é o *cyberbullying*, isto é, a agressão no ambiente virtual das redes sociais. O fato de ser praticado nas redes sociais da internet implica novos aspectos que agravam o problema. São eles o potencial anonimato do agressor, a desigualdade de poder entre ele e a vítima, o acesso à vítima a qualquer momento, a repetição ilimitada da agressão e a quantidade muito maior de testemunhas do assédio, além da diminuição da probabilidade de que a vítima seja defendida.

As consequências para a vítima, resultantes do assédio virtual, são preocupantes, podendo acarretar em depressão, estresse, problemas psicossomáticos e até ideação suicida. No que diz respeito à motivação envolvida nesse tipo de conflito, pesquisas verificaram que os praticantes do *cyberbullying*, igualmente como no *bullying* presencial, buscam *status* social via reconhecimento dos pares. Culpam a vítima por não corresponder ao que é considerado adequado. Importante lembrar que o *cyberbullying* pode ser motivado também por alguém que já foi vítima desse tipo de agressão e busca retaliação.

As peculiaridades da internet como a manutenção do que nela é colocado por tempo indeterminado, como pode ocorrer com o *cyberbullying,* é muito prejudicial para as vítimas. Isso porque o impacto dessas ações é em grande medida duradouro na sua identidade, por se sentirem impotentes em situações que não podem controlar – já que não há como deter os ataques e evitar a exposição a um número incontrolável de testemunhas, assim como a impossibilidade de remoção do material. As vítimas mais jovens geralmente não denunciam o assédio sofrido para os adultos, como pais e professores, porque têm medo de sofrer ainda mais ataques se o agressor souber por quem foi denunciado. De modo geral, as vítimas do sexo feminino tendem mais a buscar ajuda do que as do sexo masculino, em virtude da associação do ato com fragilidade, o que contraria o estereótipo de força e resistência masculina.

Vale relatar que o *bullying* e o *cyberbullying* foram tipificados pelo Senado brasileiro em uma norma no Código Penal em 2024. Nela, o bullying é definido como "intimidar sistematicamente, individualmente ou em grupo, mediante violência física ou psicológica, uma ou mais pessoas, de modo intencional e repetitivo, sem motivação evidente, por meio de atos de intimidação, de humilhação ou de discriminação, ou de ações verbais, morais, sexuais, sociais, psicológicas, físicas, materiais ou virtuais". A pena é de multa, se a conduta não constituir crime mais grave.

Já o *cyberbullying* é classificado como intimidação sistemática por meio virtual. Se for realizado na internet, rede social, aplicativos, jogos on-line ou transmitida em tempo real, a pena será de reclusão de dois a quatro anos, e multa, se a conduta não constituir crime mais grave.

Segundo a Agência Senado, anteriormente, a lei que instituiu o Programa de Combate à Intimidação Sistemática já tratava do *bullying*, mas não estabelecia punição específica para esse tipo de conduta. Estabelecia apenas a obrigação de escolas e agremiações recreativas de assegurar medidas de conscientização, prevenção, diagnose e combate à violência e à intimidação sistemática.

Nesse sentido, é de fundamental importância uma educação para a formação ética dos jovens, de modo a se evitar que ocorram problemas como o *bullying* e o *cyberbullying*, que podem afetar negativamente a vida das vítimas deste tipo de agressão.

A SOCIABILIDADE BEM DESENVOLVIDA

Ao que tudo indica, alguns indivíduos não são alvo de *bullying* porque sua sociabilidade é bem desenvolvida. Estes adolescentes são considerados influentes pelos colegas na escola. Entre os traços mais apontados em pesquisas que investigaram alunos considerados influentes, entre 13 e 15 anos, estudando há pelo menos dois anos juntos, foram mencionados cuidado com o outro, amistosidade, sociabilidade, companheirismo, generosidade, sinceridade, motivação acadêmica, assertividade, humor, talento e boa performance escolar.

Esses traços provavelmente são acentuados pelo fato de esses indivíduos estarem bem inseridos em grupos de pares, o que contribui para o bom desenvolvimento da personalidade, da sociabilidade e para a adoção de vários comportamentos que os favorecem. Foram citadas entre as condutas que exercem influência entre os pares a promoção de atividades que auxiliam a aprendizagem e o estímulo à prática de esportes, e alimentação saudável.

Alguns indivíduos indicados como influentes que foram entrevistados atribuíram a indicação a terem algumas características que são inerentes à sociabilidade. Apontaram serem animados, terem senso de humor, terem consideração pelo outro, transmitirem a sensação de que suas necessidades são importantes, terem boas habilidades comunicativas, serem sinceros, confiáveis, terem liderança, popularidade e sociabilidade. Além disso, atribuíram para o poder de influência o fato de serem empáticos, gostarem de ouvir o outro sem emitir opinião.

Mencionaram ainda serem considerados sinceros porque apontam erros com respeito, e confiáveis porque colaboram nas atividades escolares. O poder de liderança foi atribuído a terem influência no grupo, boas habilidades de organização e boas sugestões. E também à sociabilidade porque mantêm extensa rede social, tanto na escola como fora dela.

Foi ainda mencionado que sua influência se dá pelas relações de proximidade que mantêm com os outros, por se mostrarem prestativos, com disponibilidade para ajudar, o que aumenta o poder de influência e a aceitação do outro. Assim, no entender desses adolescentes, a proximidade é adquirida ao ajudar o outro, sendo amistosos e bem-humorados. Também se consideram influentes porque estimulam os pares a se empenharem para um bom desempenho promovendo atividades de estudo, inclusive alguns por serem bons alunos.

É interessante observar que os estudos têm evidenciado que ser similar ao outro, tendo interesses e atividades em comum, é a base inicial para a proximidade. Outro fator importante é que, com o progresso da socialização, aumenta a similaridade entre os membros do mesmo grupo. Nesse sentido, similaridade é causa e consequência da pertinência ao grupo e a influência cresce com a amizade, levando à imitação dos comportamentos do membro considerado influente, o que pode ter consequências para o bem e para o mal, como adquirir hábitos nocivos. Tais alunos são mais influentes do que pais e professores. Estes últimos indicam como influentes os bons alunos, que não são necessariamente influentes de fato.

A popularidade é um atributo semelhante à influência, envolvendo aparência física, habilidades atléticas e bom desempenho acadêmico. Vale observar que este último atributo não é valorizado entre os jovens em todas as culturas, porque em algumas até a prejudica, principalmente se associado a pouca atratividade física. Já adolescentes que são bons representantes de culturas coletivistas, como os chineses, associam o desempenho acadêmico e comportamentos pró-sociais como características mais importantes para a popularidade, enquanto adolescentes provenientes de culturas individualistas, como norte-americanos, consideram aparência, conexão social e facilidade em se relacionar com o sexo oposto como traços mais relevantes para a popularidade.

Para os chineses, como já colocado, exemplo representativo de cultura coletivista, além da competência acadêmica, é muito importante para a popularidade o comportamento pró-social, como mostrar disposição em ajudar colegas, ser paciente em responder suas dúvidas, ter responsabilidade e disponibilidade para ajudar em classe. Também são valorizados bom temperamento, tranquilidade, senso de humor e ser sociável, como ter muitos amigos. E, ainda, ser apreciado pelos professores, honrar o grupo, destacando-o, por exemplo, ao vencer uma competição e conquistar um troféu em esporte, além de ter talento, como representar bem papéis teatrais. Coerentemente com esses valores, condutas antissociais são bastante condenadas, porque podem ameaçar a harmonia e, portanto, as relações entre os membros do grupo. Além disso, provavelmente em virtude da tradição coletivista, verificou-se que os comportamentos antissociais são mais condenados na China do que em outros países.

Também se observam diferenças e semelhanças associadas a gênero diante desse aspecto, tanto em culturas coletivistas quanto em culturas individualistas. Independentemente da cultura, o sexo feminino, além de também levar em conta a atratividade física, atribui mais do que o sexo masculino a popularidade a comportamentos pró-sociais e desempenho acadêmico. Por outro lado, foi verificado igualmente que, nas culturas individualistas, tanto o sexo feminino como o masculino tenderam a associar popularidade à amizade com o sexo oposto, o que não se verificou nas culturas coletivistas.

É interessante relatar que, em alguns aspectos, as opiniões de alunos e alunas também diferem independentemente da cultura. Alunas de modo geral definem como atributos importantes para a popularidade a sociabilidade manifestada em extroversão, senso de humor, boas relações interpessoais e animação. Entre as condutas pró-sociais indicam generosidade e disponibilidade em ajudar os outros. Além disso, também consideram importante ter bom desempenho acadêmico e bastante conhecimento. Já para os alunos, a popularidade está associada a competência acadêmica, inteligência, boa memória, e bom desempenho escolar. Indicam como condutas pró-sociais disponibilidade para ajudar os outros, modéstia, respeito pelos professores, autenticidade e ética. Também foram lembradas a sociabilidade manifestada em humor, animação, boas relações interpessoais e bom desempenho em esportes e artes, além de boa aparência física.

Foram pesquisados também os traços associados à impopularidade, verificando-se que se destacaram o comportamento agressivo, como praticar *bullying*; comportamento disruptivo, como conversar durante a aula, interromper a fala de colega, pouca higiene pessoal como exalar mau cheiro; e características egocêntricas, como arrogância e autocentração. Também foram mencionados comportamentos sociais inadequados, como pouca habilidade para se comunicar, falta de integridade, falsidade e pouca consciência coletiva. Em suma, atitudes agressivas, pouco cooperativas, e ainda baixo desempenho e envolvimento acadêmico. Assim, verifica-se que, de modo geral, as pesquisas mostram que adolescentes associam a popularidade à existência de vínculos sociais, atratividade física, bom desempenho escolar e esportivo. Por outro lado, sugerem que a falta de popularidade está associada a falta de competência social, falta de habilidade para ter *status* entre pares, agressão, retraimento e isolamento social.

Concluindo, este capítulo examinou no que consiste a sociabilidade, quais as características a distinguem de outros traços psicológicos e quais variáveis intervêm sobre ela, no caso o desenvolvimento cerebral e psicológico, a idade, o sexo, e a cultura a que pertence o indivíduo. Foram examinados também problemas de sociabilidade como a prática de *bullying* e *cyberbullying*, como se processam e como afetam os envolvidos. As conclusões que os estudos aqui apresentados favorecem são a importância da sociabilidade para o desenvolvimento dos jovens, o que depende em grande parte da educação. Assim, nos capítulos seguintes serão examinados o papel da família, da escola e de outros fatores, como mídias, no seu desenvolvimento e funcionamento.

Sugestões de leitura

CUI, D.; LIU, L.; WEI, B.; YANFANG, L. Associations between empathy and social anxiety in childhood: the moderating role of mother-child conflict and peer rejection. *Current Psychology*, v. 42, 25431-25444, 2003. Disponível em: https:// doi.org/10.1007/s12144-022-03537-6. Acesso em: 23 ago. 2024.

EULER, F.; STEINLIN, C.; STADLER, C. Distinct profiles of reactive and proactive aggression in adolescents: associations with cognitive and affective empathy. *Child and Adolescent Psychiatry and Mental Health*, v. 11, n. 1, 2017. Disponível em: https:// doi.org/ 10.1186/s13034-016-0141-4. Acesso em: 23 ago. 2024.

HIKMAT, R. et al. A scoping review of anti-bullying interventions: reducing traumatic effect of bullying among adolescents. *Journal of Multidisciplinary Healthcare*, v. 17, p. 289–304, 2024. Disponível em: https://www.dovepress.com/article/download/89840. Acesso em: 23 ago. 2024.

LIN, J.; GUO, W. The research on risk factors for adolescents' mental health. *Behavioral Science*, v. 14, 263, 2024. Disponível em: https://doi.org/10.3390/bs14040263. Acesso em: 15 out. 2024.

MARTINS, C.; BARRETO, A. L.; CASTIAJO, P. Teoria da mente ao longo do desenvolvimento normativo: Da idade escolar até a idade adulta. *Análise Psicológica*, v. 1, XXXII, p. 377-392, 2014. Acesso em: 15 out. 2024.

MILENKOVA, V.; NAKOVA, A. Personality development and behavior in adolescence: characteristics and dimensions. *Societies*, v. 13, 148, 2023. Disponível em: https://doi.org/10.3390/soc13060148. Acesso em: 15 out. 2024.

PERINO, M. T. et al. Neighborhood resource deprivation as a predictor of bullying perpetration and resource driven conduct symptoms. *Journal of American Academy Child Adolescent Psychiatry*, v. 64, 1, 53-64, 2025. Disponível em: https://doi.org/ 10.1016/j.jaac.2024.03.008. Acesso em: 04 de fev. 2025.

SESKER, A. A. et al. Cognition and the development of temperament from late childhood to early adolescence. *Journal of Research in Personality*, v. 95, 104163, dez. 2021. Disponível em: https://pmc.ncbi.nlm.nih.gov/articles/PMC8752084/. Acesso em: 15 out. 2024.

TOGNETTA, L. R. P.; OLIVEIRA, V. H. H.; BOMFIM, S. A. Adesão aos valores morais entre envolvidos em situações de *bullying*. *Revista Tópicos Educacionais*, v. 27, n. 1, p. 98-119, 2021.

TURUNEN, T. et al. Heterogeneity of adolescent bullying perpetrators: Subtypes based on victimization and peer status. *Journal of Research on Adolescence*, v. 34, n. 3, p. 1018-1034, set. 2024. Disponível em: https://doi.org/10.1111/jora.12986. Acesso em: 23 ago. 2024.

YANG, W.; DONG, H.; GUO, Y. The relationship between school bullying victimizations and social mindfulness in middle school students: a chain mediating model of self concept clarity and cognitive reappraisal. *Frontiers in Pschology*, v. 15, n. 4, ago. 2024. Disponível em: https://doi.org/10.3389/fpsyg.2024.1388301. Acesso em: 15 out. 2024.

ZABALA, M. L. et al. Relaciones entre empatía y teoría de la mente en niños y adolescentes. *Pensamiento Psicológico*, v. 16, n. 2, 47-57, 2018. Disponível em: https:// doi.org/10.11144/Javerianacali.PPSI16-2.retm. Acesso em: 15 out. 2024.

O papel da família

A família é a principal instância socializadora na infância. As condutas pró-sociais são ensinadas primeiro no lar, e só depois em instituições como escola, igreja e outras. Experiências adversas durante o decorrer do desenvolvimento, como violência doméstica, negligência ou ambiente de criação muito desfavorável por alta incidência de conflitos, podem ter um impacto significativo sobre os jovens. As experiências nos primeiros cinco anos de vida são muito marcantes e aumentam a chance de ter impactos na adolescência. Isso porque a maior vulnerabilidade nesse período ocorre em função de a criança nessa idade ainda não ter o desenvolvimento necessário para elaborar as experiências adversas ou buscar ajuda. Assim, o período em que situações adversas são experienciadas tem um papel muito relevante no desenvolvimento posterior da sociabilidade. Na adolescência também é muito importante um bom funcionamento psicológico, que se traduz em satisfação com a vida, otimismo, perseverança e sociabilidade, que acarreta em facilidade de estabelecer vínculos afetivos.

Esses traços positivos terão impacto na vida adulta, diminuindo o risco de consumo de álcool e drogas e aumentando a probabilidade de cuidado com a saúde, mesmo em ambientes pouco favoráveis pelas necessidades econômicas. Vale lembrar que o otimismo na juventude, assim como interesse e perseverança nas tarefas, conexão com os outros e sentimentos positivos como bem-estar e felicidade favorecem não só ausência de problemas, mas também uma evolução positiva na vida adulta. Vale observar ainda que o funcionamento psicológico positivo ameniza o efeito de eventos adversos vividos na infância, como escassez de recursos.

As crianças precisam interagir com adultos que são próximos de modo positivo, com relações baseadas em valores como respeito, entendimento e confiança mútuos, ao invés de obediência cega despertada pelo medo. O estilo de criação praticado pelos pais é de extrema importância para o desenvolvimento dos filhos, no qual se destaca o tipo de autoridade exercido por eles para a formação das crianças. Foram identificados cinco estilos de criação em diferentes culturas.

O primeiro, o autoritário, se define pelo alto controle da conduta e pouca demonstração de afetividade positiva. O segundo, denominado democrático, se caracteriza pelo controle adequado da conduta dos filhos, em que os motivos para as regras são explicados e a afetividade manifestada é positiva. O terceiro estilo, o permissivo, se caracteriza pela ausência de controle de comportamentos negativos, mas também pela demonstração de afetividade positiva. Este último foi posteriormente diferenciado em dois outros, o indulgente e negligente, dando origem aos cinco estilos. No caracterizado como indulgente, os pais exercem pouco controle sobre os filhos, mas manifestam afeto positivo. Já o negligente caracteriza-se pela ausência de controle e pouca manifestação de afeto, tanto positivo como negativo. Vale relatar que as crianças criadas no estilo caracterizado como democrático são mais aptas a equilibrar suas próprias necessidades de independência e autoexpressão com as demandas feitas sobre elas.

Já os filhos que caracterizaram seus pais como ausentes ou como controladores tendem a praticar mais agressões como o *bullying*. O inverso também se aplica, pois, como já mostraram pesquisas, filhos de pais percebidos como mais sensíveis e calorosos se envolvem menos em *bullying*. Os praticantes de *bullying* percebem a família como pouco coesa, com pouco controle parental, onde os conflitos são constantes. As vítimas, em geral, vêm de famílias superprotetoras, especialmente as mães.

Verifica-se, assim, que as primeiras experiências de uma criança são importantes, e são influenciadas pelo estilo de criação adotado por sua família, que não só tem impacto sobre a sua formação, como também sobre qualidade do ambiente em que ela se desenvolve.

RELAÇÕES FAMILIARES

A transição entre os dois ciclos do ensino fundamental pode implicar estresse para os adolescentes porque aumenta o número de alunos nas classes, os horários das aulas são mais variáveis e, muitas vezes, ingressam novos colegas, ampliando as redes de relacionamento. Com isso, frequentemente, ocorre aumento de conflitos em função dessas mudanças. Embora os conflitos possam ter um lado positivo, por propiciar maior entendimento sobre os outros, em termos de afetos, motivações e necessidades, quando muito frequentes, podem ser prejudiciais.

Um fator importante na frequência dos conflitos é a personalidade dos envolvidos, a forma como a pessoa se sente, pensa e se comporta em uma variedade de situações, conforme já analisado no primeiro capítulo. Dois traços já observados, o neuroticismo e a amabilidade, desempenham um papel importante no envolvimento do indivíduo em conflitos. O neuroticismo se manifesta pela maior tendência à ansiedade e ao estresse, levando à má interpretação das intenções alheias, enquanto a amabilidade predispõe à aceitação do outro. Os dois traços interagem, moderando-se mutuamente. Esses traços já se manifestam na infância e influem nas relações interpessoais porque os conflitos tendem a ocorrer naquelas mais negativas e frequentes.

É importante salientar que é comum que a avaliação da qualidade da relação familiar difira entre os envolvidos. Pesquisas têm mostrado que a percepção de adolescentes da qualidade das relações familiares pode diferir bastante da dos pais. A adolescência é um período em que ocorrem mais conflitos com os pais, em virtude da busca por maior autonomia e liberdade, embora muito frequentemente persista a dependência financeira. Ainda que esses conflitos possam contribuir para mudanças nas relações familiares, eles tendem a ocorrer com mais frequência naquelas que já são mais problemáticas e desagradáveis pela presença de maior pessimismo e menor aceitação do outro.

A personalidade e as características específicas das relações se associam diferentemente com a frequência dos conflitos. No que diz respeito ao neuroticismo, verifica-se que se relaciona significativamente mais com conflitos do que a amabilidade. O neuroticismo em adolescentes influi na percepção negativa de pais e pares, na incidência de mais conflitos, o que não ocorre na autopercepção. Uma variável importante é a percepção da qualidade da relação com os pais, que, quando boa, se associa a menor incidência de conflitos. Já a maior quantidade de tempo dispendido junto com pais e pares se associa à percepção de mais conflitos na relação com eles. De todo modo, a percepção dos adolescentes é de maior incidência de conflitos com pais do que com pares, que inclusive são objeto de conflitos com os primeiros. Além de, em geral, deterem e exercerem mais poder, as relações com amigos são vistas como mais positivas por envolver escolha, o que não ocorre com os pais.

Como já destacado, verifica-se que a adolescência é uma fase da vida em que a relação com os pares é muito valorizada, o que torna os adolescentes mais vulneráveis a problemas e desafios, como desavenças com amigos, *bullying* e exclusão social. O estresse resultante desses problemas pode afetar negativamente a família, porque esses problemas causam sofrimento. Isso se manifestará no lar, como quando o adolescente se considera pouco valorizado pelos pais. Além disso, os adolescentes buscam mais autonomia, o que também pode impactar negativamente a relação com os pais.

Algumas pesquisas já verificaram que relações conflituosas com a família também impactam negativamente as relações com pares, dificultando estabelecer relações positivas com eles. Muitas vezes, esses adolescentes são rejeitados pelos seus pares, sofrendo vitimização. Dificuldades na regulação das emoções pelo adolescente, como na manifestação adequada ou mudança dessas emoções, interferem na sua relação com o estresse, que, por sua vez, impacta sua relação com a família. Além disso, quando o adolescente reprime a emoção, experiencia ampliação das emoções negativas, que podem vir a ser extravasadas na família ou nos amigos. Essas manifestações emocionais podem impactar negativamente as relações, aumentando a probabilidade de conflitos e rupturas e consequentemente o aumento do estresse.

Porém, deve-se lembrar, como já colocado no capítulo anterior, que essa dinâmica da experiência da emoção sofre influência da cultura, na maior ou menor aceitação da sua expressão, principalmente das negativas. Se é uma cultura que valoriza a boa convivência entre seus membros, como as coletivistas, a expressão de emoções negativas é reprimida, tornando o estresse ainda maior por não poder ser manifestado. Essa situação foi corroborada por pesquisa recente conduzida em uma cultura coletivista, que valoriza a boa convivência. É possível também que a repressão da manifestação das emoções negativas tenha impacto nas relações com a família ou com amigos, dependendo de quem o adolescente busca como apoio para aliviar o estresse. Vale lembrar que a repressão de sentimentos negativos pode até colaborar nos relacionamentos com familiares ou amigos, mas pode aumentar o estresse não extravasado.

Por sua vez, a percepção de relações estressantes no lar aumenta a probabilidade de sofrer vitimização por pares, revelando a bidirecionalidade do problema. Pesquisas têm verificado que sofrer provocações, ter problemas de relacionamento com pares, repercute em seguida no lar e vice-versa. Como já colocado, a forma como o jovem regula suas emoções também interfere, quando as inibe e quando há a desregulação, que é a manifestação descontrolada e excessiva como gritar.

Os valores culturais do ambiente do jovem também interferem, pois, se há ênfase na amizade, na harmonia e nas boas relações com as pessoas, o estresse da vítima é ainda maior, por se sentir desvalorizada por quem a agrediu. A vulnerabilidade aumenta também se o adolescente costuma reprimir os sentimentos negativos, o que faz com que o estresse seja extravasado na família, afetando suas relações ali. Por outro lado, essa manifestação pode assinalar para os outros que o indivíduo está necessitando de apoio, o que pode não ocorrer se a emoção não for manifestada. A forma como a cultura lida com a manifestação da emoção, se pode ou não ser manifestada, é fator importante para se entender a questão do extravasamento ou da inibição da emoção pela vítima.

Uma questão importante na formação dos filhos é como o tempo de lazer é aproveitado, em termos das atividades realizadas. O lazer é um momento muito importante da convivência, tempo que nem sempre é valorizado. Ele não se resume a passar algumas horas juntos, mas sim em desenvolver atividades que ensinem aos filhos o sentido de família, valores morais, estilo de vida saudável. É nele que muitos valores, como respeito à natureza, valorização da cultura e outros, são transmitidos e apropriados pelos filhos. Esses valores não se adquirem pelo discurso, mas sim pelas vivências compartilhadas.

Um valor fundamental é a responsabilidade, que é desenvolvida no compartilhamento de decisões e de atividades de modo prazeroso, sem pressões, o que favorece o sentimento de pertencimento e identificação com os pais. É uma das formas mais profícuas para o desenvolvimento da sociabilidade e uma oportunidade importante para desenvolver valores como justiça e honestidade. Um aspecto relevante é a importância atribuída pelos adolescentes ao lazer familiar.

Foi verificado que os adolescentes acreditam que os valores mais potencializados pelo lazer familiar são aqueles relativos ao desenvolvimento pessoal e sociocomunitário. Reconhecem que a responsabilidade, a integridade e a honestidade são valores desenvolvidos nas atividades de lazer com a família. Para que a responsabilidade seja desenvolvida como valor no lazer, é preciso que o adolescente participe ativamente no planejamento e na organização das atividades que serão realizadas. Por outro lado, os adolescentes relacionam menos o lazer familiar ao prazer, o que pode ser devido à preferência, nessa idade, pelo lazer com os pares de idade.

Em suma, as relações dos filhos com a família são influenciadas por uma variedade de fatores, sendo eles individuais, como personalidade; culturais, como valorização da harmonia; e contextuais, como hábitos que vão ter papel importante sobre a incidência de conflitos entre os membros.

IMPACTO DA ADVERSIDADE NA SOCIABILIDADE

Uma pesquisa que investigou a relação entre eventos adversos na infância e desenvolvimento de características positivas como perseverança, otimismo, conexão e felicidade, encontrou resultados mais específicos em função da idade. Os dados obtidos revelaram que as condições adversas de vida, como sofrer violência parental, passar necessidade econômica ou mesmo conviver com pais que fazem uso abusivo de álcool ou drogas, têm impacto negativo sobre as características positivas na adolescência.

A pesquisa verificou ainda que, como já colocado, o período em que ocorre exposição a eventos adversos é importante, ou seja, se ocorre no início da infância, o impacto é mais negativo do que se ocorrer mais tarde, quando é maior a capacidade de elaborar problemas. Também a maior frequência e duração desses eventos impactam mais negativamente do que quando são mais esporádicos. E, ainda, esses impactos conferem desvantagens na vida adulta porque, entre outros problemas, as vítimas de eventos adversos têm menos confiança de que serão capazes de enfrentar as dificuldades que surgirem e de ser mais otimistas, acreditando que passageiras. É provável que a adaptação aos momentos difíceis e à presença de ameaças seja fator decisivo no enfrentamento das dificuldades.

Um estudo longitudinal, realizado em um estado norte-americano, investigou como a exposição à violência, seja como vítima, seja como testemunha, pode causar mudanças de temperamento, que por sua vez podem impactar a sociabilidade. Os traços de temperamento – aumento da timidez e emocionalidade negativa, isto é, hostilidade –, foram avaliados tanto na infância (dos 5 aos 8 anos), no início da adolescência

(11 anos), como no período considerado intermediário (15 anos). Os dados mostraram que a exposição à violência durante a infância tiveram impacto sobre a emocionalidade negativa, que diminuiu com o decorrer do desenvolvimento. Já a timidez permaneceu estável ao longo do estudo.

Vale relatar que a exposição à violência no início da adolescência resultou em aumento da timidez e da emocionalidade negativa, e também posteriormente, no período intermediário da adolescência. A pré-adolescência é considerada um período mais sensível em virtude de mudanças, como o maior tempo despendido com pares na escola e menor com a família, o que pode acarretar em maior exposição à violência.

Outro fator que pode influir sobre a sociabilidade é o estresse materno, que vem crescendo porque as oportunidades de trabalho para mulher aumentaram significativamente. Porém, na maioria das sociedades ainda é esperado que a mãe seja a responsável pelo cuidado diário dos filhos e do lar. Assim, tem se verificado que cada vez mais mulheres têm aliado o trabalho externo com o do lar. Essa sobrecarga produz estresse, prejudicando a responsividade aos filhos.

O sentimento de competência, no caso conhecimento e experiência para educar a criança, gera confiança e reduz o estresse. Porém, características da criança que acarretam em demandas adicionais para monitorar seu comportamento e analisar suas reações emocionais podem trazer consequências para a mãe. Isso porque podem implicar maior gasto de tempo para a mãe que trabalha, causando mais cansaço, tendência a exaustão emocional (*burnout*) no trabalho. Podem causar também aumento de ansiedade relativa à sua habilidade de conciliar trabalho e interações apropriadas com a criança.

Assim, pode ser estabelecida uma conexão causal entre o tipo de temperamento da criança e o nível de estresse da mãe. Padrões de comportamento diferentes da criança podem exigir maior ou menor adaptação da mãe. Um aspecto importante nessa dinâmica é o tipo de personalidade da mãe, assim como o grau de sua experiência. A mãe pode se sentir mais ou menos competente baseada em suas próprias características e experiência com os comportamentos manifestados pela criança. Ao mesmo tempo, é importante considerar a influência de características pessoais da mãe como idade, geração, educação e renda.

O sentido de autoeficácia da mãe foi investigado em relação ao seu sentimento de competência e de suas habilidades de resolução de problemas. O nível de satisfação foi avaliado por medidas de frustração, ansiedade e motivação das participantes que só tinham um(a) filho(a). Os únicos fatores que influenciaram o estresse foram a idade da mãe, características comportamentais da criança e sua idade. Os resultados obtidos confirmaram a relação entre a emocionalidade e atividade social da criança e a satisfação da mãe, assim como seu sentimento de autoeficácia, que podem servir como fatores reguladores para mulheres que trabalham.

O estresse depende não só da satisfação da mãe, mas também do grau de emotividade envolvido na avaliação e o temperamento da criança. A autorregularão pode aumentar o sentimento de autoeficácia e suas habilidades para lidar com a criança, assim como o temperamento desta. Um aumento na satisfação proveniente de fatores externos à relação com a criança também pode afetar positivamente a conexão com ela e ainda favorecer vínculos emocionais positivos da mãe que trabalha com o restante da família, com amigos e colegas.

A existência de uma conexão importante entre o nível de estresse e o temperamento e comportamento da criança foi apoiada por outros estudos. A importância do componente social do temperamento também foi observada. Especificamente, foi verificada a relação entre estresse aumentado e comportamento emocional, relacionado de modo importante à impulsividade da criança e suas respostas negativas. Para os pais, uma das tarefas mais difíceis é lidar com tal estresse acumulado, o que pode manter a criança na conduta inadequada, agressiva e negativa por mais tempo.

O estudo mostrou uma associação significante entre autoeficácia maternal e redução do estresse, indicando a importância de mecanismos de autocontrole e algumas habilidades da mãe. A assistência social ou ajuda de parentes pode colaborar para diminuir o estresse materno. Mas pode também estressar se a mãe não estiver satisfeita com a pessoa que a substitui.

Verifica-se, assim, que situações adversas como necessidade econômica, exposição à violência e certas características psicológicas da mãe impactam negativamente a personalidade dos filhos e, portanto, a sociabilidade.

CARACTERÍSTICAS DA FAMÍLIA

Um fator importante para o desenvolvimento da sociabilidade das crianças é a idade da mãe. A idade a coloca em uma geração específica, que é influenciada por fatores econômicos e sociais que são diferentes de outras gerações, assim como de outros países com suas respectivas culturas. Mas a mudança dos valores tradicionais, as formas de relações familiares e as formas de relacionamento sob a pressão de mudanças socioeconômicas podem afetar o estresse parental de modo semelhante em países em desenvolvimento. Portanto, o fator determinante para aumentar a satisfação das mães que trabalham é aumentar sua consciência sobre essas mudanças, assim como sobre as transformações naturais no comportamento da criança que ocorrem devido ao seu desenvolvimento.

A sociabilidade pode ser influenciada por outra característica dos indivíduos que tem sido denominada por alguns pesquisadores como "capital social". Trata-se do modo como se interage com os outros, com as redes sociais, em termos de reciprocidade e confiança. As três dimensões são estreitamente relacionadas porque interação frequente incentiva a confiança e valoriza o ato de prestar ajuda a pessoas próximas. Estas se sentem na obrigação de retribuir a ajuda, o que por sua vez fortalece a confiança entre as pessoas. O contexto em que ocorrem as interações são importantes. Os pais são um modelo importante ao socializar os filhos, não só porque transmitem explicitamente os valores, as normas da cultura, moldando a conduta da criança, mas principalmente nas interações sociais que estabelecem com outras pessoas.

A socialização é um meio importante para a transmissão das peculiaridades da família, da sociabilidade dos pais, construindo o capital social dos filhos. A participação dos pais nas atividades sociais dos filhos é importante para essa formação. Dessa forma, o capital social dos filhos é construído a partir da aprendizagem de habilidades e condutas observadas na família.

O nível socioeconômico em termos não só de recursos, mas do grau de educação adquirido pelos pais tem grande influência naquilo que os filhos se tornam, na diversidade de conhecimentos sociais que adquirem pelo maior acesso às redes. Porém, suas amizades geralmente são do mesmo estrato social, em função da vizinhança do local de moradia e da escola frequentada.

Outra influência do nível socioeconômico da família se dá sobre as atitudes da criança em relação aos outros, pois nos meios menos afluentes, muitas vezes a segurança pública é menor, o que pode levar a atitudes menos confiantes em relação a pessoas desconhecidas. Além disso, necessidades econômicas da família tendem a estressar os pais, o que também pode comprometer a educação dos filhos, limitando experiências importantes com outras pessoas. Assim, um fator muito importante é a família interagir socialmente nos mesmos ambientes porque os filhos podem observar a sociabilidade dos pais e desenvolver a própria com base nessas observações.

Por outro lado, se os relacionamentos sociais de pais e filhos se dão em ambientes diferentes, e a conduta parental permanece desconhecida para os filhos, eles não são influenciados pelos pais porque o comportamento é aprendido, e não hereditário como as características biológicas. É importante lembrar que o capital social pode contribuir para o bem-estar subjetivo, para a saúde e o desempenho acadêmico. Assim, a educação familiar e escolar devem procurar fortalecer as redes sociais dos jovens e encorajá-los a confiar nas pessoas.

Verifica-se, então, que características da família como nível socioeconômico e modelos de sociabilidade fornecidos pelos pais são também fatores importantes para o desenvolvimento da sociabilidade.

PRÁTICAS DE EDUCAÇÃO E SOCIABILIDADE

Vale lembrar que os estilos ou as práticas de criação já abordados relacionam-se com a sociabilidade porque influem sobre a competência social dos filhos. O estilo democrático produz autonomia, ajustamento e segurança da criança já na primeira infância. Essa relação se explica pelo fato de que as práticas democráticas servem não só como modelos de conduta para os filhos, mas também estimulam o enfrentamento das situações de modo positivo. A relação entre práticas de criação democráticas e melhores resultados no desenvolvimento, assim como a associação das autoritárias e permissivas a problemas, também foi encontrada em outras pesquisas. Uma possível explicação para essa associação seria que a interpretação da autoridade parental, quando é considerada indicativa de cuidado, leva a maior aceitação do controle. Além disso, a prática democrática cria um ambiente de compreensão mútua na família, onde o afeto positivo prevalece, fazendo com que a criança seja mais competente socialmente, confiante e independente.

Uma pesquisa verificou que a permissividade dos pais, quando se manifesta em falta de apoio e negligência, pode causar crises de ansiedade nos filhos. As dificuldades dos filhos residem na falta de orientação e de expectativa dos pais sobre o seu desenvolvimento. Essa falta de envolvimento pode resultar em uma percepção do ambiente como hostil, assim como em um sentimento de desvalorização e pouca competência da criança, afetando então sua autoconfiança em relação às outras pessoas. O estilo autoritário também pode produzir ansiedade na criança exposta a punições corporais, hostilidade e excesso de diretividade. Pode ainda fazer com que o ambiente seja percebido como estressante em função dos conflitos com os pais, favorecendo assim comportamentos impulsivos.

Verifica-se que as práticas democráticas estão associadas à alta sociabilidade, extroversão e responsabilidade dos filhos, enquanto as autoritárias e as negligentes se associam não só a ansiedade, mas também a pouca sociabilidade e responsabilidade. Porém, embora importantes, as práticas de criação são influenciadas por outros fatores, como constituição familiar, que será examinada a seguir.

A influência da família é maior quando são caracterizadas como nucleares, constituídas somente pelos progenitores e os filhos. E é ainda maior a influência quando há menos filhos, pois assim os pais podem lhes dedicar mais atenção, transmitindo seus valores. Porém, é também importante que haja manifestação de afeto e o controle adequado para que a influência parental seja exercida efetivamente. Isso se justifica porque as avaliações que os pais fazem sobre os filhos e o afeto que eles demonstram influem sobre o autoconceito, sobre a autoestima e sobre a autorregulação das emoções que se desenvolvem. Esses processos também são influenciados pela relação com outras pessoas além dos pais, como as que os filhos mantêm com pares de idade.

O processo de construção do autoconceito é gradual, crescendo à medida que a criança desenvolve o seu autoconhecimento, a consciência das próprias ações, pensamentos, sentimentos, interesses. Ele inclui uma dimensão social e uma pessoal. A dimensão pessoal envolve uma teoria que as pessoas constroem sobre sua personalidade, sobre como funcionam, assim como as suas memórias autobiográficas, que organizam a experiência. O autoconceito abrange várias dimensões da experiência de si mesmo, como sociabilidade, aparência física, competência cognitiva e competência afetiva. A dimensão social envolve os julgamentos feitos pelos outros e os próprios, comparados com os aprendidos e idealizados.

É importante observar que pode ocorrer confusão em relação ao processo de autoconceito com outros como autoeficácia, autoestima e autoimagem. Autoconceito é mais abrangente que a autoeficácia, porque esta envolve apenas a expectativa do indivíduo sobre sua capacidade em realizar algo em uma dada situação. O autoconceito também é mais abrangente do que a autoestima, porque nele estão incluídos aspectos cognitivos e comportamentais, enquanto ela só inclui os afetivos, em termos de uma avaliação positiva ou negativa de si.

Por outro lado, o autoconceito é mais similar à autoimagem, que, entretanto, é mais restrita do que ele porque se limita à cultura em que se desenvolve. Assim, quando a autoimagem se desenvolve em uma cultura coletivista, ela irá resultar em uma imagem de si mesma como uma pessoa associada aos membros do seu grupo, deixando em segundo plano suas características pessoais. Assim, vai valorizar a manutenção de uma convivência positiva com os membros do grupo. Já se a pessoa se desenvolve em culturas individualistas, irá construir uma imagem de si mais associada à autonomia, valorizando sua autodeterminação e liberdade para agir, mais do que a convivência com os outros membros do grupo.

Porém, a busca por autonomia e a valorização da sociabilidade não se restringem à influência da cultura. No que diz respeito ao que é vivenciado, a sociabilidade e a confiança são relacionadas às atividades sociais e às atitudes em relação a elas que são as mais valorizadas. Essa relação indica que a atividade social é muito importante para os adolescentes, assim como a autoexpressão, autoafirmação e a atividade social. A sociabilidade consta entre as qualidades mais valorizadas por eles, evidenciando o desejo de autodesenvolvimento e autoafirmação entre os pares de idade.

Foi apresentado nesta seção que os estilos de criação adotados pelos pais têm forte influência sobre o autoconceito dos filhos e sobre a sociabilidade, destacando-se o democrático como o mais favorável ao desenvolvimento saudável.

CARACTERÍSTICAS FAMILIARES E SAÚDE MENTAL

Um problema familiar que pode afetar a sociabilidade das crianças é a existência de distúrbios emocionais maternos como depressão e ansiedade durante a primeira infância. Observa-se que esses problemas têm se associado a características de temperamento dos filhos, como hiperatividade, déficit de atenção, reatividade e problemas de alimentação que podem se manifestar já no primeiro ano de vida. O temperamento considerado difícil envolve funções corporais irregulares, esquiva de novas situações, pouca adaptabilidade a situações novas e tendência a humor negativo.

Embora essas reações estejam associadas a sintomas emocionais dos pais, ainda não se sabe se a relação é causal, como o estilo de criação, porque pais e filhos partilham a mesma genética. Para avaliar adequadamente essa relação, as pesquisas precisam explorar outras relações entre mães e filhos, como comparação entre irmãos e, até mesmo, com a família extensa, que poderão esclarecer o tipo de influência que ocorre entre as gerações, identificando fatores não genéticos potencialmente causais.

Estudos com crianças adotadas têm fornecido evidências, mas a generalização dos resultados é vista como limitada para a população em geral. Porém, vale relatar um estudo realizado com uma amostra de crianças maior, incluindo crianças adotadas em vários períodos do desenvolvimento, que pode ajudar a esclarecer o impacto da influência de certas condutas parentais sobre os filhos. No caso desse estudo mencionado, foi avaliado o impacto da manifestação de hostilidade parental sobre a saúde mental dos filhos. Foi verificado que os filhos adotivos, alvo de hostilidade parental como gritos, humilhações e até mesmo castigos corporais manifestaram problemas como ansiedade, depressão e somatização, tal como filhos biológicos.

Além disso, as pesquisas têm focado geralmente problemas psiquiátricos, o que ajuda a esclarecer um pouco a questão, mas não informa sobre processos longitudinais. Isso porque os estudos têm envolvido um único momento, sem explorar a possibilidade de evolução conjunta das características de pais e filhos. Essa evolução pode fazer com que os sintomas emocionais de mães e filhos mudem com o tempo. A ansiedade das mães pode tanto piorar com o nascimento da criança como melhorar, porque os sintomas maternos e o temperamento da criança interagem no decorrer do tempo e se modificam. Embora a estabilidade dos problemas adultos seja explicada pela influência de fatores genéticos, eles podem mudar ao longo do tempo. Muitas mudanças são mais bem explicadas por influências ambientais temporárias.

Por outro lado, uma pesquisa que investigou as associações entre o temperamento inicial da criança e os sintomas maternos de ansiedade e depressão encontrou uma relação estável entre os problemas emocionais da mãe e a afetividade e a sociabilidade da criança nos primeiros cinco anos de vida. Verifica-se, assim, que são necessárias mais pesquisas para estabelecer as origens da saúde mental em um contexto desenvolvimental, que estabeleça a possível influência genética. Isso porque a exposição das crianças aos sintomas emocionais da mãe pode provocar mudanças nos seus traços de temperamento ao longo do tempo e vice-versa. Também há indicações que a severidade dos sintomas depressivos da mãe pode se associar a um aumento na insegurança da criança, embora sejam necessários mais estudos sobre as influências genéticas compartilhadas entre mães e filhos.

Um sistema de valores que tem sido denominado "familismo", provavelmente derivado do coletivismo já abordado, pode ter repercussões negativas na formação dos filhos. Trata-se de uma ideologia que prioriza os valores da família acima dos do indivíduo. Nesse sistema de valores, a constituição familiar valorizada como ideal consiste naquela nuclear tradicional, que é formada por pai, mãe e filhos.

Essa ideologia se opõe a outras formas de constituição social, como famílias baseadas em relações homoafetivas, sendo bastante prevalente nas relações de parentesco na América Latina, onde o patriarcado e a valorização da normatividade das relações familiares é ainda bastante predominante. As relações homoafetivas são vistas como podendo comprometer a honra da família por poder envergonhá-las frente a comunidade. Esses valores levam a relações ambivalentes dos homossexuais com suas famílias de origem porque se assumirem sua identidade poderão envergonhá-las diante da comunidade, caso esta condene esse tipo de ligação. Assim, a adesão a esses valores familiares pode levar homossexuais latinos a renunciarem de seus próprios desejos, como ter parceiro do mesmo sexo, mesmo com a maior aceitação dessas relações e os avanços recentes nos direitos da população LGBTQIAPN+.

As restrições não se limitam ao estabelecimento explícito de laços baseados em relações homoafetivas, elas limitam também a forma do indivíduo se comportar, que não deve ser reveladora de sua homossexualidade. Tais restrições revelam que a maior preocupação dessas famílias é com a sua aparência e honra, em vez do bem-estar de seus membros homossexuais, aceitando-os e fornecendo apoio aos seus desejos.

Uma pesquisa recente que investigou as relações de pessoas envolvidas em relações homoafetivas verificou que a maioria dos participantes enfrentou algum tipo de rejeição por ter parceiro do mesmo sexo e também a demonstração de que tal fato deveria ser ocultado. Relataram ter experimentado sentimentos de rejeição, tristeza e insegurança diante da desvalorização do vínculo pelos familiares, que preferem preservar sua imagem do que aceitar a orientação sexual de um de seus membros. A minoria que não sofreu esse problema relatou ter recebido apoio de algum membro.

Observa-se, então, que a família tem papel importante sobre a saúde mental dos filhos e sobre o sistema de valores defendidos a ser colocado em prática, como a não aceitação da orientação sexual, tendo como consequência os problemas emocionais dos pais podendo afetar a saúde mental dos filhos.

IMPACTO DAS CARACTERÍSTICAS FAMILIARES SOBRE O *BULLYING*

Embora muito relevante, o envolvimento dos pais nas ações anti-*bullying* é, em geral, reduzido, consistindo comumente em serem informados sobre as ações de combate ao problema da escola. Felizmente, tem ocorrido maior valorização do envolvimento dos pais nessas ações, o que ajuda em uma boa parcela dos casos. Porém, pesquisadores apontam que as características dos pais que podem ser associadas à perpetração de *bullying* e a vitimização não têm sido exploradas pelos programas, embora elas tenham relação com o problema. Já se verificou que a vitimização ocorre pela interação entre fatores como família, escola e comunidade. A presença de conflitos na família, a rejeição dos filhos pelos pais, as práticas de criação permissivas ou autoritárias, como controle psicológico, ou até mesmo superproteção, se relacionam ao problema. Por outro lado, práticas democráticas ajudam a reduzir a vitimização.

Uma revisão dos estudos sobre a relação entre a educação dada pelos pais e a vitimização por *bullying* buscou identificar que fatores são protetores e quais são de risco para o filho ser alvo de *bullying*, se pai e mãe desempenham papéis diferentes na vitimização por *bullying*, e, também, se variáveis como idade e gênero se associam aos fatores parentais e desempenham um papel na vitimização por *bullying* na escola. A análise revelou que o estilo parental democrático, amoroso, com monitorização, mas também com valorização da autonomia dos filhos são fatores protetores para *bullying*, tanto presencial como virtual.

Por outro lado, as práticas autoritárias e as permissivas são fatores que contribuem para o *bullying* na escola. O *bullying* virtual ou *cyberbullying* se associaram a práticas parentais negativas e alheamento. Segundo as pesquisas, as duas formas de vitimização estão sujeitas a causas distintas, sendo que o virtual está mais associado a rejeição parental. Os outros fatores, como conflitos parentais, autoritarismo, não se relacionaram. Uma relação amorosa e protetora pode colaborar para os filhos relatarem o assédio e fazer com que os pais os ajudem.

Uma questão importante é a possibilidade de filhos de pais rejeitadores poderem encontrar conforto em usar as redes sociais, se expondo assim a mais a risco de assédio. Também é possível que os pais tenham mais dificuldade em lidar com o assédio virtual dado o anonimato envolvido nessa prática. É possível ainda que as vítimas de *cyberbullying* não revelem o problema aos pais por medo de perder a autonomia para usar as redes.

Foram ainda identificados efeitos colaterais da rejeição parental durante o desenvolvimento, como ansiedade, sintomas depressivos, e até perpetração de *bullying*, o que deve ser objeto de preocupação porque pode fazer com que os filhos permaneçam presos em relações sociais negativas. Pode ser também que, ao presenciar conflitos parentais, aprendam e reproduzam padrões negativos de relacionamento, tornando-se pouco competentes em suas relações interpessoais, o que algumas pesquisas confirmaram. Verificou-se ainda que os filhos podem sofrer ansiedade e depressão em consequência dos conflitos entre os pais, o que também pode colaborar para se tornarem vítimas de assédio por pares.

Alguns dados são importantes de serem mencionados. Não foram encontradas diferenças entre pai e mãe na influência que seus conflitos têm sobre os filhos, nem também em relação ao gênero deles. Já a idade faz diferença, porque a proteção diminui e os filhos buscam mais independência à medida que crescem, mesmo que o *bullying* que sofrem possa não diminuir. Mas não se pode deixar de considerar a possibilidade de que filhos que sofrem *bullying* possam despertar sentimentos específicos nos pais.

Uma pesquisa que realizou uma revisão dos estudos feitos sobre prevenção ao *cyberbullying* pela escola e pela família verificou que as intervenções são significativamente mais frequentes na escola, contemplando a estimulação à educação emocional dos jovens especificamente, relegando a segundo plano o treinamento de professores e pais. A forma de intervenção aconselhável segundo verificaram as pesquisas seria a realização de um programa abrangente, incluindo campanhas na mídia, programas na escola, envolvimento de pais e professores, ações legislativas, triagem e intervenções por pediatras e profissionais da saúde.

Um programa que teve sucesso envolveu treinamento dos pais e professores nas habilidades de comunicação, empatia, e autoestima estimulada. Um resultado interessante foi a verificação de que as intervenções dirigidas ao *bullying* atingem o *cyberbullying* e vice-versa, o que é muito positivo. Entretanto, os autores consideraram que a generalização dos resultados ainda era precoce, porque, em geral, a avaliação das intervenções é feita em um curto espaço de tempo, e precisaria ser realizada em um período mais longo.

Uma pesquisa recente investigou pelo relato de adolescentes entre 13 e 15 anos o seu envolvimento na prática de *bullying*, seja como praticante seja como testemunha, assim como sua percepção do estilo de criação parental, incluídos aí o grau de autonomia, estabilidade no estilo de criação, tipo de afeto manifestado, como hostilidade ou acolhimento. Foi ainda pesquisada percepção do ambiente familiar, como presença de conflitos, organização e controle praticado. Colocaram-se também duas questões sobre a relação com a escola, em termos do vínculo com a instituição, assim como as amizades mantidas ali.

O estudo verificou que a maioria dos perpetradores de *bullying* era proveniente de lares caracterizados por eles como pouco coesos, com maior ocorrência de conflitos, menos controle e relacionamento instável com os pais. A percepção destes pelos praticantes de *bullying* revelou-se ainda mais negativa, vistos como negligentes e abusivos. Ao que tudo indica, essas condutas inadequadas dos pais podem contribuir para a percepção do ambiente familiar como mais negativo. Tais características já tinham sido confirmadas nos primeiros estudos sobre *bullying* na década de 1970.

A família das vítimas também se caracterizava por menor coesão familiar, maior controle parental, menor parentalidade paterna positiva e mais positiva das mães. Menor coesão e maior controle nas famílias das vítimas também já haviam sido verificados em pesquisas anteriores. As vítimas relataram falta de encorajamento, interesse, escuta e compreensão dos problemas, o que está relacionado a vitimização. Os pais são percebidos como mais distantes e frios, dificultando a identificação dos filhos com eles. As vítimas relatam ainda uma relação mais positiva com suas mães do que com seus pais, que eram abusadores e indiferentes. As mães eram vistas como mais protetoras, o que pode ser fator de risco para vitimização por *bullying*, pela menor oportunidade de aprender a se defender e lidar mais efetivamente com a vitimização por pares.

Outra característica familiar que influencia a probabilidade de perpetração de *bullying* já na pré-escola é a escassez de recursos do local de moradia, mais do que a familiar. Essa escassez de recursos (segundo índice de privação da área , ou, em inglês, Area Deprivation Index - ADI) pode levar ao *bullying* praticado para obter recursos desejados ou necessários, ou seja, agressão instrumental. O praticante de *bullying* pode também se tornar vítima, em vista das características da região. Uma pesquisa sobre a conduta de crianças entre 3 e 6 anos, baseada em informações prestadas pelos pais, mostrou que a escassez de recursos da vizinhança foi mais determinante para a perpetração de *bullying* do que sofrer violência doméstica, ou outros problemas familiares. Os comportamentos considerados como *bullying* consistiram em exclusão de pares, provocações e vingança.

Os resultados mostraram ainda que a escassez de recursos da vizinhança da moradia explica a relação específica de prática precoce de *bullying* e busca de recursos, mas não de outros comportamentos agressivos de jovens como irritabilidade e brigas. Ficou evidenciado ainda que essas características da vizinhança são mais importantes do que somente as características do lar da criança. Explicam, inclusive, que a exposição a essa situação pode resultar em maior vitimização das crianças, reforçando sua visão do ambiente como imprevisível e hostil.

As características familiares são importantes também na probabilidade de manifestação de empatia pelas vítimas de *bullying* na adolescência. Uma pesquisa verificou que alguns adolescentes intervêm no *bullying* defendendo a vítima, de quem muitas vezes são amigos. Esses adolescentes relataram melhor ambiente familiar em termos de organização, tranquilidade e parentalidade mais positiva com menor diretividade, menos conflitos, regras mais claras, mais abertura ao diálogo e mais autonomia. O apoio e maior participação dos pais na educação permite que as mães aconselhem os filhos sobre como lidar melhor com os conflitos. Esses adolescentes também relataram ter mais amigos.

Os resultados encontrados na pesquisa podem ajudar a combater o *bullying* nas escolas, como transmitir essas informações sobre a educação dos filhos em palestras e discussões com os pais. Um fator importante para a proteção das crianças e adolescentes é discutir o *bullying* com eles, o que pode encorajá-los a buscar ajuda quando molestados. Uma pesquisa verificou que isso ocorre, e que é importante trabalhar com as mães e também com os pais sobre as melhores práticas para preparar e auxiliar os filhos nessas situações.

A influência do ambiente familiar e das práticas de criação não se reduzem ao *bullying*. Pesquisas verificaram que sofrer agressão parental na infância tem relação com delinquência, criminalidade e falta de estabilidade no trabalho no futuro. Já a agressão indireta, como condutas manipuladoras, se associam a depressão, abuso de drogas e ideação suicida. A criança por sua vez tende a agredir mais na primeira infância, manifestando a agressão por meio de chutes, mordidas e pancadas em virtude da melhora nas habilidades motoras. A agressão física diminui com o aumento da idade, do desenvolvimento cognitivo, da capacidade de autorregularão, da linguagem e do processamento de informação social. Por outro lado, as pesquisas observam que o desenvolvimento dessas capacidades pode resultar em aumento da agressão indireta, como caçoadas e isolamento de pares.

Como já analisado anteriormente, existe mais de um tipo de agressão. A agressão proativa é instrumental porque visa obter alguma vantagem ou benefício, seja material, seja social como prestígio no grupo. É mais relacionada à ausência de formação ética na família, que explicite valores desejáveis para a convivência. Já a agressão reativa é menos relacionada à educação familiar por ser defensiva por natureza, e causada provavelmente por dificuldades de se autorregular emocionalmente, o que melhora com o progresso no desenvolvimento psicológico. Verifica-se assim a importância das características do ambiente de criação, especificamente características da família como ocorrência de conflitos sobre a sociabilidade, no caso a perpetração, e também de vitimização pelo *bullying* pelos filhos.

As conclusões favorecidas pelo exame das variáveis familiares que são importantes para a sociabilidade são a importância das primeiras experiências, pelas consequências que os estilos de criação e do ambiente do lar tem sobre o desenvolvimento saudável. As relações dos filhos com a família são influenciadas por uma variedade de fatores, individuais como personalidade, socioculturais como valorização da harmonia, nível socioeconômico, modelos de sociabilidade, exposição à violência, seja no lar, seja na vizinhança, conflitos entre os membros e certas características psicológicas da mãe que impactam negativamente a personalidade dos filhos e, portanto, a sociabilidade. Verificamos também que os estilos de criação adotados pelos pais, o sistema de valores que defendem tem forte influência sobre o autoconceito dos filhos, e sobre a sociabilidade, destacando-se o democrático como o mais favorável ao desenvolvimento saudável. A conclusão geral é que a família tem papel muito importante sobre a saúde mental dos filhos, sua sociabilidade, nos conflitos em que se envolvem, como a perpetração, e também vitimização pelo *bullying*.

Sugestões de leitura

BLECKMANN, E.; WIECZOREK; WAGNER, J. The role of neuroticism and relationship specific features in self and other perceptions of conflict frequency in adolescents relationships with parents and peers. *Journal of Youth and Adolescence*, fev. 2024. Disponível em: http://dx.doi.org/.10.1007/s10964-024-01951-6. Acesso em: 23 ago. 2024.

DEDÓVA, M.; BANIK, M. Unlocking the power of parenting: unravelling how family atmosphere and parenting styles impact the pivotal role in bullying behavior. *Studia Psychologica*, v. 16, p. 19-34. Disponível em: https://doi.org/10.31577/sp.2024.01.888. Acesso em: 23 set. 2024.

GIRARD, L.C. et al. Development of aggression subtypes from childhood to adolescence: a group based multi-trajectory modelling perspective. *Journal of Abnormal Child Psichology*, v. 47, p. 825-838, 2019. Disponível em: http://dx.doi.org/10.1007/s10802-018-0488-5. Acesso em: 22 jan. 2025.

GRAMA, D. I. et al. Parental risk and protective factors associated with bullying victimization in children and adolescents: a systematic review and meta-analysis. *Clinical Child and Family Psychology Review*, v. 27, p. 627–657, 2024. Disponível em: http://dx.doi.org/10.1007/s10567-024-00473-8. Acesso em: 22 jan. 2025.

HERNÁNDEZ PRADOS, M. Ángeles; ÁLVAREZ MUÑOZ, J. S. Los valores desde el ocio familiar. Percepción de los adolescentes. *Contextos Educativos. Revista de Educación, [S. l.]*, n. 33, p. 219–238, 2024. DOI: 10.18172/con.5519. Disponível em: https://publicaciones.unirioja.es/ojs/index.php/contextos/article/view/5519. Acesso em: 22 de jan. 2025.

LEME, M. I. S.; CARVALHO, A. M.; JOVELEVITHS, I. Opinião dos pais e resolução de conflitos por pré-adolescentes. *Temas em Psicologia* (Ribeirão Preto), p. 337-354, 2012. Disponível em: http://dx.doi.org/ 10.9788/TP2012.2-05. Acesso em: 24 fev. 2025.

LIU, M.; XU, Z. A study on regulating factors of the influence of children's negative emotions on mothers' parenting stress: A study of China's post-80s generation emotions on mothers' parenting stress. *Children and Youth Services Review*, v. 159, 107533, 2024. Disponível em: http://dx.doi.org//10.1016/j.childyouth.2024.107533. Acesso em: 22 de jan. 2025.

MORENO, P. M. et al. Family functionality as a mediator in the relationship between humanization and academic burnout in adolescents. *Frontiers in Psychology*, v. 14, 2024. Disponível em: https://doi.org/10.3389/fpsyg.2024.1520912. Acesso em: 22 de jan. 2025.

MOROIANU, M. et al. Influence of the parenting style on young schoolchildren's sociability *Revista Românească pentru Educație Multidimensională*, v. 16, n. 2, p. 594-605, 2024. Disponível em: http://dx.doi.org/ 10.18662/rrem/16.2/874. Acesso em: 22 de jan. 2025.

PERINO, M.T. Neighborhood resource deprivation as a predictor of bullying perpetration and resource-driven conduct symptoms. *Journal of American Academy of Child And Adolescent Psychiatry*, v. 64, n. 1, p. 53-64. Disponível em: https://www.jaacap.org/article/S0890-8567(24)00137-0/fulltext. Acesso em: 22 de jan. 2025.

RAMM, A. et al. It would be a problem for the family': queerness, family honour and familism in Chile. *Culture, Health and Sexuality*. v. 26), n. 9, p. 1-14, 2024. Disponível em: http://dx.doi.org/10.1080/13691058.2023.2300642. Acesso em: 22 de jan. 2025.

SOUSA, M. et al. The relationship between temperament characteristics and emotion regulation abilities in institutionalized and noninstitutionalized children. *Psychological Studies*, v. 68, n. 3, p. 421–433. Disponível em: http://dx.doi.org/.0.1007/s12646-023-00735-5. Acesso em: 15 out. 2024.

TUOMINEN, M.; TIKKANEN J. Adolescent social capital: an intergenerational resource? *Journal of Adolescence*, v. 95, p. 1420–1434, 2023. doi: 10.1002/jad.12215. Disponível em: https://onlinelibrary.wiley.com/doi/10.1002/jad.12215. Acesso em: 22 jan. 2025.

TUOMINEN, M.; HAANPÄÄ, L. Social indicators research young people's well-being and the association with social capital, i.e. social networks. *Trust and Reciprocity*, v. 159, p. 617–645, 2022. Disponível em: http://dx.doi.org/10.1007/s11205-021-02762-z1 3. Acesso em: 22 jan. 2025.

WILLIAMS, L. et al. Influence of early childhood parental hostility and socioeconomic stress on children's internalizing symptom trajectories from childhood to adolescence. *Frontiers in Psychiatry*, v. 15, 1325506, 2025. Disponível em: http://dx.doi.org/ 10.3389/fpsyt.2024.1325506. Acesso em: 02 fev. 2025.

O ambiente escolar

A CONVIVÊNCIA DENTRO DA ESCOLA

O ambiente escolar como espaço educacional essencial precisa ser propício não só à aprendizagem de conteúdos acadêmicos, mas também à convivência entre alunos, docentes e funcionários, favorecendo o aprendizado da sociabilidade. Uma pesquisa realizada entre alunos do ensino médio revelou que a maioria dos alunos informaram considerar a escola um espaço muito importante de sociabilidade, pois muitas de suas amizades são com colegas da escola.

Por outro lado, no interior da escola ocorrem muitas vezes conflitos que podem prejudicar o convívio e, a depender da frequência com que acontecem, podem prejudicar também a aprendizagem escolar. Como foi apresentado no capítulo anterior, o conflito interpessoal faz parte da vida porque somos diferentes uns dos outros. Mas alguns tipos de conflito são prejudiciais e, entre eles, valem ser lembrados o *bullying* e o *cyberbullying*, que têm aumentado em frequência em todos os ambientes, não só nas escolas.

Um dado que merece especial atenção é o revelado por pesquisas internacionais que, a despeito das intervenções feitas nas escolas, mostraram que cerca de um quarto dos adolescentes de 15 anos sofrem *bullying* e cerca de metade deles *cyberbullying*. Os dados demostram ainda que alunos sofrem mais provocações que alunas nas escolas, sendo as mais frequentes insultos, apelidos e difamação. Os alunos relatam ainda sofrer também mais agressão física e dano a seus pertences. Já as alunas informam menores proporções de agressões, sendo as mais frequentes as agressões veladas ou indiretas, como danificação de pertences e difamação.

Essa tendência foi confirmada em pesquisa brasileira, em que menos alunas – em comparação com alunos – revelaram sofrer e praticar *bullying* na escola. Mas, mesmo em menor proporção, também elas relatam agressões diretas como ameaças e empurrões. A pesquisa brasileira revelou ainda que a idade dos adolescentes que mais relataram sofrer *bullying* variou entre 15 e 16 anos, coincidindo com as pesquisas internacionais. Um outro dado importante, também coincidente com outras pesquisas, é que os envolvidos em *bullying*, no caso as vítimas, frequentemente enfrentam condições de vida adversas, como divórcio dos pais e dificuldades econômicas. Já os perpetradores pertencem aos níveis socioeconômicos mais elevados e possuem melhores condições de vida.

A incidência de *bullying* entre alunos do 9º ano indicou outro estudo brasileiro, é semelhante a esses resultados relatados. Foi verificado que 86% dos alunos disseram ter sofrido *bullying* no último ano cometido por colegas na escola. As agressões para cerca de 80% consistiram em exclusão, isolamento e apelidos relacionados à aparência física da vítima. Apelidos, isolamento e maledicência foram mais relatados pelas alunas, enquanto as agressões físicas como empurrões foram mais relatadas pelos alunos.

Adolescentes brasileiros desta mesma faixa etária participaram de uma pesquisa que usou a técnica de grupo focal para obter informações sobre *bullying*. Os participantes informaram que as principais agressões sofridas foram verbais, referentes à aparência física, quando diferente do padrão estético mais valorizado pela mídia, e agressão moral, referente sobretudo à orientação sexual, principalmente do sexo feminino. A intenção das ofensas era, segundo os participantes, desmoralizá-los frente aos colegas. Muitos perceberam que as escolas onde estudavam permaneciam indiferentes às agressões, prolongando o sofrimento.

Em relação à orientação sexual, os alunos que não correspondem aos padrões de sexualidade estabelecidos como normais pela sociedade relataram sofrer agressões dirigidas a atentar contra sua dignidade, depreciando-os de forma explícita e cruel para serem objeto de repulsa e até mesmo ódio dos colegas. Essas agressões fazem as vítimas se sentirem inseguras e tristes. Nos casos mais graves, foram relatadas doenças psicossomáticas em consequência das agressões sofridas.

Para atingir o padrão ideal de beleza que preconiza a magreza, há alunos que podem até recorrer a medidas mais drásticas, como verificou uma pesquisa. Os adolescentes ouvidos revelaram métodos diferentes para perda de peso, por exemplo. Uma parte apelou para métodos saudáveis, como realizar exercícios físicos e ingestão de alimentos menos calóricos, como verduras e frutas, evitando os mais calóricos como doces. Outros apelaram para métodos menos saudáveis como não fazer todas as refeições. Já outros apelaram para métodos prejudiciais, como tomar medicamentos diuréticos. Tais achados apontam para a necessidade de divulgação dessas condutas de risco e, ainda, de se estabelecerem ações de prevenção envolvendo a escola, família e a comunidade.

Além desses problemas de imagem relacionados à aparência física, vale relatar que a vitimização, que ocorre de forma relacional, pela manipulação dos vínculos de amizade e *status* no grupo, resulta em a vítima evitar se aproximar de pares por receio de rejeição, aumentando a desconfiança em relação ao grupo. Também a vitimização por agressão física ameaça o sentimento de segurança, levando a reações impulsivas causadas pela má interpretação das intenções de pares e das consequências em longo prazo. Pode ainda provocar ansiedade e depressão pela necessidade de entender os motivos de ser alvo desse tipo de violência. Verifica-se, assim, que esses tipos de reação aos conflitos podem prejudicar o desenvolvimento da regulação das emoções e afetar a sociabilidade.

Além disso conflitos mal resolvidos fazem com que a escola, onde em grande parte eles ocorrem, seja considerada um local pouco atraente para os alunos, que avaliam que ali tem poucos amigos, e até inimigos, como dissemos no primeiro capítulo.

Várias formas de intervenção de combate aos conflitos como o *bullying* têm sido implementadas e pesquisadas. Relatar para os professores é estimulado nessas intervenções, porque é uma prática eficaz, que favorece a participação dos docentes na administração da convivência na escola. Porém, muitas vítimas não contam, porque temem retaliação, ou temem ficar com imagem negativa entre os colegas. Também temem a opinião do professor e têm sentimentos de vergonha e humilhação. E, se os alunos relatam e o *bullying* persiste, diminui ainda mais a probabilidade de que venham relatar novamente.

Sobre a denúncia do *bullying*, uma pesquisa verificou que estudantes sem experiência com esse tipo de conflito eram mais propensos a relatar o problema aos professores do que os que já o haviam experienciado. E também foi observada maior tendência entre alunas de relatar a agressão do que os alunos. Porém, denunciar depende do tipo de *bullying* sofrido. Se for direto como insultos ou agressão física é mais provável que seja relatado ao professor do que o indireto, como exclusão ou maledicência.

Assim, a qualidade da relação professor-aluno também é importante, pois quando é positiva, baseada em proximidade e confiança, aumenta a probabilidade de a vítima relatar o *bullying*. Quando a relação dos professores com os alunos é negativa, constata-se o aumento do número de conflitos, hostilidade e coerção. É importante que o aluno relate as agressões sofridas porque elas ocorrem em geral na ausência dos docentes. Mas, conforme já colocado, alguns alunos não relatam por sentirem vergonha ou por ser o *bullying* indireto e o professor não o presenciar.

Por outro lado, uma pesquisa verificou que a ausência de conhecimento do professor sobre a ocorrência de *bullying* nas classes pode se dar pela crença do docente de que manter distanciamento dos alunos favorece a manutenção da disciplina e autonomia. Mas, se ele intervém quando percebe a agressão, a relação entre ele e a vítima se fortalece. Verifica-se, assim, a importância da relação entre professores e alunos na incidência do *bullying* no ambiente escolar, já que, quando esta é negativa, favorece a violência e a evasão.

Em suma, o ambiente escolar frequentemente se caracteriza para muitos alunos como pouco acolhedor pela incidência de *bullying* sofrido, em função de aspectos como aparência física, orientação sexual e outros. A denúncia desse tipo de assédio sofrido depende da relação com o docente e de suas atitudes quando esses casos acontecem.

PRATICANTES E VÍTIMAS DE ASSÉDIO

É importante considerar as características e consequentes motivações dos praticantes de *bullying* na escola. Alguns praticantes são estimulados por suas características pessoais, como falta de empatia, valores favoráveis à agressão e problemas na regulação das emoções – já analisadas anteriormente. Outros são motivados pelo desejo de conquistar popularidade e *status* entre os colegas, que também podem exercer influência, estimulando o *bullying* no grupo. Vale lembrar que alguns *bullies* foram vítimas da prática no passado, e se tornam agressores como uma forma de se afirmar no grupo e prevenir futuras agressões. Podem, ainda, ser motivados pelo desejo de ter alguma compensação pelo sofrimento experienciado no assédio perpetrado contra eles. Praticantes de *bullying* que sofreram assédio cometem mais agressões diretas, física ou verbal, enquanto os populares mais indiretas, como exclusão e maledicência.

A popularidade no grupo é controversa, pois nem todos são populares, tal como ocorre com os *bullies* que já foram vitimizados. É importante relatar que os *bullies* vítimas mantêm valores contrários ao *bullying* e admitem praticar quando questionados. Já os populares não admitem, ou porque não percebem sua ação como agressão, ou porque sabem que é algo condenável, mas continuam praticando, mesmo quando passam por programas de intervenção voltados para a diminuição da violência na escola. Por outro lado, foi constatado que admitir a prática não muda necessariamente a resposta a programas de intervenção, porque muitos que admitiram praticar não se modificaram, continuando a agredir.

Por sua vez, muitas vítimas são tímidas, ansiosas e passivas ao sofrer assédio, por serem também inseguras. Muitas vezes apresentam algum traço na aparência física ou conduta diferente do que é considerado adequado, o que é usado no assédio contra ela. Outra característica das vítimas é o isolamento social na escola, onde não tem amigos. Esse isolamento e o medo de assédio dificultam a construção da teoria da mente, criando um círculo vicioso. A dificuldade em se relacionar com os pares resulta em menor conhecimento sobre eles, o que prejudica a empatia, a construção da teoria da mente e a sociabilidade.

Vale observar ainda que uma outra consequência do sofrer *bullying* é a diminuição da consideração pelo outro, porque o convívio – prejudicado pelas agressões de colegas – dificulta o desenvolvimento da teoria da mente já abordada anteriormente, o que pode levar a maior agressividade. Essa pouca consideração por si mesmo explica, pelo menos em parte, a motivação dos *bullies* vítimas, que, por não se valorizarem, também não dão valor aos outros, desconsiderando seus sentimentos. O autoconceito positivo, além de ser um fator de proteção contra eventos estressores, favorece o estabelecimento de novas amizades e, assim, o bem-estar na escola.

Outro aspecto importante de ser lembrado são as consequências da exposição ao *bullying*, não como agressor ou vítima, mas como testemunha. Pesquisa sobre reações de testemunhas de *bullying* na escola revelou que naquelas onde é maior o vínculo dos alunos com a instituição, e onde inclusive há menor exposição ao *bullying*, é maior a probabilidade de que testemunhas das agressões intervenham em defesa das vítimas.

Em suma, as motivações para o assédio são variadas e dependem de características do assediador, como valores, experiência anterior como vítima ou testemunha.

RELAÇÃO PROFESSOR-ALUNO

Um aspecto importante na relação professor-aluno é que o tratamento dispensado aos alunos seja igualitário, porque isso favorece o sentimento de pertencimento e torna menos provável a ocorrência de condutas violentas. Porém, o *bullying* pode ser praticado também por professores, estando em geral associado a dificuldades acadêmicas dos estudantes, a relações entre alunos pouco positivas ou, ainda, à intervenção no envolvimento dos alunos em provocações. A violência verbal por parte do docente é dirigida principalmente a alunos do sexo masculino.

A motivação dos professores para a violência verbal relaciona-se ao desejo de corrigir falhas acadêmicas e sociais dos alunos. Isso porque o ambiente escolar onde ocorrem esses tipos de agressões costuma ter maior incidência de conflitos entre alunos e desempenho escolar prejudicado, assim como pouca comunicação e colaboração entre os docentes. Escolas onde ocorre alto índice de suspensões têm maior probabilidade de ter mais *bullying* docente do que onde são raras, provavelmente em virtude disso. E também é importante relatar que a percepção dos alunos de que o clima escolar é negativo aumenta a probabilidade de se verificar a ocorrência de *bullying* praticado por docentes.

Porém, as agressões verbais dos docentes, mesmo com o intuito de melhorar as condições escolares, agravam o problema, criando um clima negativo e pouco favorável à aprendizagem. Mais especificamente no que diz respeito a este problema, tem se verificado que professores nem sempre estão cientes da importância de manter uma boa relação com os alunos. O motivo para tal pode consistir em alguns, como já colocado anteriormente, preferirem manter distância dos alunos para garantir disciplina, estimular independência e atitudes maduras. É importante relatar que também se verificou que a maioria dos alunos não delata o abuso docente.

Outra variável importante a ser considerada é que o *bullying* docente é mais frequente com alunos do segundo ciclo do ensino fundamental. É mais difícil ocorrer a vinculação entre alunos e professores nesse estágio porque geralmente os docentes ensinam nas mesmas séries, não acompanhando o progresso escolar dos alunos. Além disso, o contato com o professor depende da carga horária da disciplina que leciona. Uma consequência negativa da má qualidade da relação professor-aluno, assim como a percepção negativa do clima escolar, é a evasão nas escolas. A percepção de estudantes e docentes de um clima escolar negativo, definido pela má qualidade da relação professor-aluno, e também entre alunos, produz insatisfação com a escola e aumenta a probabilidade de evasão. Também tem se verificado que a defasagem da idade com o ano escolar favorece este tipo de ocorrência. Por outro lado, a percepção de um clima positivo estimula a aprendizagem e a diminuição da violência escolar, favorecendo a permanência na escola e o aprendizado.

Pesquisas em vários países confirmam a mesma associação entre ambiente escolar e problemas de conduta, como altas taxas de suspensão por infrações cometidas por alunos, e queixas de assédio praticado por docentes, em geral verbal. Outra consequência negativa do assédio docente que tem sido verificada é o aumento da probabilidade de vitimização por parte de colegas, assim como menos relações positivas com pares.

Por outro lado, observa-se que alunos com apoio de adultos e pares sofrem menos *bullying*, tanto da parte de colegas como de professores. Outro dado importante verificado é que o estabelecimento de regras de convivência pelo professor tem efeito sobre a menor incidência de *bullying*. Além disso, as atitudes e os valores do docente em relação ao *bullying* também têm efeito sobre uma percepção mais apurada dessas ocorrências em termos de preveni-las. Afetam ainda sua propensão a se comunicar mais com os envolvidos nesse tipo de ocorrência, e a não ignorar a exclusão social que pode estar acontecendo em uma classe, que, como já colocado, configura um tipo de *bullying*. Como já dito anteriormente, sua intervenção no *bullying* defendendo as vítimas contribui para evitar novas ocorrências.

Além da boa relação entre professores e alunos, baseada em igualdade, democracia, justiça e tolerância, é importante que os docentes tenham uma visão diferente das equivocadas já mencionadas, como a de que manter distanciamento dos alunos favoreceria a manutenção da disciplina na escola. Assim, é importante que a formação do professor inclua o desenvolvimento das habilidades socioemocionais, que impactam diretamente nas dos estudantes. As classes que contam com professores atentos e ativos tendem a ser mais envolvidas com as atividades, enquanto as que são lideradas por professores mais passivos tendem a ser menos motivadas e envolvidas com as atividades.

Assim, as atitudes docentes em relação ao *bullying* têm muita relação com o conhecimento que se tem sobre este tipo de problema. Muitos professores relataram não terem tido formação que os habilitasse a uma intervenção eficaz. Os professores que tiveram mais formação mostraram-se propensos a procurar melhorar seus conhecimentos sobre formas de intervenção, como programas anti-*bullying*, que também serão abordados aqui. Em suma, verifica-se que os docentes têm papel muito importante para garantir a boa convivência na escola, e, para que isso se concretize, eles precisam ter uma base sobre como proceder.

CARACTERÍSTICAS IMPORTANTES PARA A CONVIVÊNCIA

Um aspecto importante para o clima escolar e ocorrência de conflitos, como os causados por *bullying*, são as habilidades socioemocionais dos alunos. Essas habilidades são capacidades essenciais para a boa convivência. Elas guardam bastante semelhança com os traços de personalidade já descritos, definidos como os Big Five, com a diferença de serem todas positivas. Consistem em padrões consistentes de pensamentos, sentimentos e conduta que podem ser desenvolvidos em situações de aprendizagem formal, como programas de formação, ou informal, como a convivência com pares. São elas envolvimento com a tarefa, regulação emocional, colaboração, abertura à experiência e extroversão.

Elas compreendem ainda o que é conhecido como sub-habilidades, como a habilidade de envolvimento com a tarefa, que inclui autocontrole, responsabilidade e persistência. A regulação emocional envolve resistência ao estresse, otimismo e controle emocional, e a colaboração inclui empatia, cooperação e confiança. Já a abertura mental inclui curiosidade, criatividade e tolerância, enquanto envolvimento com os outros inclui energia, sociabilidade e assertividade.

Especificando ainda mais, autocontrole é a habilidade de manter o foco nas tarefas para atingir objetivos, enquanto responsabilidade significa capacidade de manter compromissos assumidos, pontualidade e credibilidade. Persistência significa permanência na tarefa até consecução dos objetivos. Regulação é a habilidade de controlar a ansiedade e resposta ao estresse. Otimismo são as expectativas positivas em relação à vida e a si mesmo. Controle da emoção é o domínio da emoção e de temperamento. Colaboração se manifesta como empatia e cuidado com o bem-estar alheio, enquanto cooperação constitui trabalhar bem com os outros e respeitar as decisões do grupo. Confiança é a crença nas boas intenções dos atos alheios, enquanto a abertura mental envolve curiosidade, interesse por ideias, conceitos e busca de conhecimentos. Criatividade denota visão original e capacidade de adquirir uma nova forma de fazer as coisas e de pensar. Tolerância é o respeito pela diversidade e abertura para diferentes visões e perspectivas e se comprometer com os outros. Energia diz respeito a um nível alto de atividade, tal como capacidade de trabalhar ou estudar por muitas horas. Sociabilidade é desejo de interagir ou socializar com o outro e capacidade de construir e manter relações sociais. Finalmente, assertividade significa apreço pela liderança e por expressar francamente ideias, necessidades e sentimentos.

A regulação emocional se relaciona estreitamente com saúde física e mental, bem-estar e satisfação. Como visto, colaboração diz respeito à consideração do ponto de vista do outro, confiabilidade é a busca de convivência harmoniosa, evidenciando genuína preocupação com o bem-estar alheio. A interação com os outros define-se pelo prazer em conviver e se comunicar com as pessoas e ser amistoso. Finalmente, a abertura mental, que corresponde à abertura do indivíduo para a experiência, é considerada um aspecto fundamental para compreender a conduta individual em um ambiente instável.

Um estudo verificou que a idade é um fator importante para o desenvolvimento das habilidades socioemocionais de alunos, assim como o sexo. De modo geral, alunos mais jovens têm mais habilidades socioemocionais que adolescentes, como responsabilidade, persistência, resistência ao estresse, energia, controle emocional, confiança e curiosidade. Mas, como veremos a seguir, o progresso nas habilidades emocionais não é confirmados em outras pesquisas, e assim não são consenso entre pesquisadores que encontraram diferenças em algumas funções.

Ainda sobre a variação causada pelo aumento da idade em algumas habilidades, um outro estudo verificou declínio dos 10 aos 15 anos em habilidades de autoconhecimento/consciência, assim como nas de autogerenciamento, o que no caso das primeiras pode ser devido às mudanças físicas que ocorrem nesta fase. Porém, a habilidade de tomada de decisão responsável aumentou entre 15 e 18 anos. As alunas mais novas pontuaram mais em empatia, cooperação, autocontrole, persistência e responsabilidade, enquanto alunos também pontuaram mais em persistência, autocontrole e responsabilidade, assim como em resistência ao estresse, o que não foi confirmado por pais e professores. Outro estudo ainda confirmou que meninas pontuam mais em cooperação, persistência, apoio emocional, mas menos em bem-estar e autocontrole, o que contradiz os resultados acima.

É importante observar que se verificou ainda que as habilidades socioemocionais estão associadas com as relações que os alunos mantêm com seus professores, pais e amigos. Os alunos que tendem a avaliar positivamente suas relações com professores e colegas tiveram melhor pontuação em cooperação e empatia, enquanto os que também avaliaram positivamente a relação com os pais pontuaram melhor em otimismo. Verificou-se, ainda, que a cooperação no ambiente da escola estava fortemente relacionada com habilidades de colaboração como empatia, cooperação e confiança no outro, mas tinham associação também com outras habilidades. E, ainda, a competição se revelou associada a habilidades socioemocionais em adolescentes, mas não em crianças.

Outro resultado interessante foi que pontuação alta em habilidades socioemocionais se associou positivamente a aspirações educacionais mais elevadas e sucesso escolar. Os alunos com essas habilidades experienciaram menor ansiedade nos testes, menor exposição ao *bullying* e *cyberbullying* e níveis mais altos de bem-estar e satisfação. Assim, pode-se concluir que o desenvolvimento das habilidades socioemocionais tem um valor inestimável para o desenvolvimento e o bem-estar dos estudantes. Na adolescência, os alunos têm que tomar várias decisões importantes, como a profissão que pretendem seguir, o tipo de formação necessária para ela e outras. Um entendimento acurado do seu funcionamento emocional, social e cognitivo pode influenciar a sua consciência sobre as oportunidades educacionais e como aproveitá-las.

Tendo em vista os altos índices de *bullying* e *cyberbullying*, que inclusive já foram discutidos anteriormente, muitos educadores defendem a necessidade de intervenções no sentido de estabelecer programas escolares que atuem para combater o problema. É o que será examinado a seguir.

PROGRAMAS VOLTADOS PARA A FORMAÇÃO DO ALUNO

Uma das formas de minimizar a incidência de *bullying* é desenvolver habilidades socioemocionais nos alunos, garantindo boa convivência na escola e bem-estar em seu interior. Muitos países tiveram sucesso em integrar as habilidades socioemocionais ao currículo escolar, e suas experiências podem colaborar no desenho de um currículo. Um exemplo dessa integração se deu por meio de um programa de educação emocional voltado para promover a convivência na classe e o bem-estar pessoal. Os alunos adolescentes entre 12 e 15 anos passaram por um programa que na primeira etapa trabalhou o reconhecimento e a compreensão das emoções.

Na segunda etapa foi abordada a regulação das emoções em diferentes situações e valores como tolerância e responsabilidade. Resultados positivos foram verificados em uma avaliação posterior que revelou diminuição nos episódios de *cyberbullying* e reconhecimento das emoções. Também atividades extracurriculares como artes e esportes têm tido sucesso no sentimento de pertencimento dos estudantes à escola, e ainda tiveram impacto sobre a curiosidade e criatividade.

O sentimento de pertencimento dos alunos reflete o investimento da escola no seu bem-estar. Para aumentar esse sentimento, a gestão escolar deve criar um ambiente mais apoiador, que diminua a incidência de *bullying* e *cyberbullying*. Além disso, um ambiente acolhedor pode estimular os alunos a buscarem ajuda quando necessário, e especialmente combater o *bullying*.

A formação das habilidades socioemocionais pode ser iniciada precocemente. Um programa voltado para o desenvolvimento dessas habilidades com a finalidade de garantir a boa convivência na escola foi realizado com crianças entre 8 e 10 anos de idade, uma vez por semana durante quatro meses. A intervenção consistiu em fazer com que as crianças tomassem consciência da importância de desenvolver essas habilidades se envolvendo em atividades como meditação, jogos com colegas, e confecção de materiais informativos.

O programa teve bons resultados e as crianças que participaram apresentaram melhoras na autorregulação, nas habilidades de comunicação, nas relações com pares, como redução de conflitos e maior cooperação. Melhoraram também na assertividade. No entanto, esses resultados não foram homogêneos, verificando-se que os alunos mais novos apresentaram progressos na sociabilidade e na assertividade, enquanto os mais velhos se beneficiaram mais na autorregulação e controle emocional. Os impactos sobre as classes também foram diferentes, verificando menos conflitos entre os alunos de quarto ano, enquanto entre os de terceiro foi verificada mais afetividade positiva entre colegas. Tais diferenças podem talvez ser atribuídas ao momento de escolaridade, estando os alunos mais velhos em transição para outro ciclo do ensino.

Os programas realizados em escolas podem ser resultado de iniciativas mais amplas, como as de órgãos federais, ou de unidades menores, como secretarias estaduais, municipais, ou até mesmo da própria escola. Estes últimos são conduzidos geralmente por profissionais da saúde, como psicólogos que trabalham com professores em atividades com grupos de adolescentes. Grande parte das intervenções são focadas nas vítimas, com o objetivo de reduzir o trauma resultante das agressões, e podem ser praticadas fornecendo apoio à vítima, dado, por exemplo, por colegas formados previamente para prestarem o suporte. Também tem sido aplicados a terapia cognitivo-comportamental e o treinamento de habilidades sociais e afetivas, como assertividade para enfrentar o agressor.

Porém, os pesquisadores têm observado que muitas destas habilidades precisam ser praticadas por mais tempo para persistirem, pois não é só a prática que influi, mas também como o indivíduo se vê depois da intervenção, podendo sentir-se inseguro e pouco competente nos primeiros momentos, para depois ir adquirindo confiança à medida em que coloca em prática o que foi abordado. Outro ponto a ser ressaltado, é a eficácia da abordagem baseada no praticar habilidades, como estabelecimento de objetivos, uso de multimídia, modelando comportamentos desejados. Participação em grupos de discussão sobre o problema também tem efeitos positivos sobre a autorregulação e comportamentos internalizantes, mas modestos em competência pessoal. Uma hipótese é que pode ser necessário algum grau de competência social para participar bem em grupos de discussão e se beneficiar da atividade.

Por outro lado, alguns pesquisadores têm verificado que alguns estudos relataram resultados modestos depois da intervenção, ou mesmo total falta de efeito. Os resultados mais positivos são os que envolveram a escola como um todo, não se limitando aos alunos como é frequente acontecer. Este tipo de intervenção envolve um acordo conjunto de regras de conduta para as classes, colocadas pelos professores, política escolar, formação em resolução de conflitos, aconselhamento individual, informação fornecida pelos pais e aumento da supervisão nas áreas de recreio/intervalo de aulas. Embora o papel dos professores seja muito importante, nem todas as intervenções os incluíram. Professores podem atuar como ouvintes e construir um ambiente positivo para reduzir o *bullying* e aumentar a autoconfiança. Vale observar que os pais devem se envolver junto com os professores para monitorar a saúde mental dos adolescentes.

Verifica-se assim, que as intervenções voltadas para o desenvolvimento socioemocional dos alunos necessitam ser mais bem pesquisadas em termos dos resultados que podem ser esperados, visto a heterogeneidade do que foi alcançado, do conteúdo abordado e tempo de duração. É essencial, também, o envolvimento de outros participantes da comunidade escolar, principalmente os professores, cuja participação é muito importante para o sucesso dos programas.

PROGRAMAS VOLTADOS PARA A FORMAÇÃO DOS PROFESSORES

O desenvolvimento dos professores na intervenção e prevenção do assédio no ambiente escolar é muito importante para a melhoria da convivência, e consequentemente, para o desenvolvimento da sociabilidade. Essas intervenções resultam em atuação docente que vai além do assédio, pois professores formados para intervir, contribuem para a inclusão escolar de alunos com necessidades especiais, minimizando a discriminação de gênero e diferenças étnicas.

Antes de tudo é necessário procurar entender as concepções dos professores sobre assédio para conscientizá-los sobre o problema, realizando atividades como discussões em grupo. Isso para que o professor ao testemunhar o *bullying* possa intervir imediatamente, ou pouco depois, para interromper o assédio. Para isso, os educadores precisam ter conhecimento e habilidades necessárias para identificação e intervenção sobre o problema que sejam bem-sucedidas. Nas classes em que professores dispõem deste conhecimento, as agressões como *bullying* são menos frequentes. Também se verifica que, nas classes onde os estudantes acreditam que o professor desaprova o *bullying*, ocorrem menos episódios desse tipo de assédio.

A disposição do docente para intervir no *bullying* está ligada a suas crenças e seus valores, como, por exemplo, o entendimento de que deve se opor ao assédio, acreditar na necessidade de interrompê-lo e confiar na eficácia de sua intervenção, em vez de considerar essa conduta como algo próprio à juventude, pela falta de maturidade para lidar com situações de conflito. Também é importante favorecer a percepção do aluno de que será apoiado pela escola na intervenção. E, ainda, o professor precisa se perceber como capaz de intervir, o que também afeta os estudantes, que, quando acreditam que sua intervenção será eficaz, são impactados por menos ocorrências de episódios de assédio na classe.

Pesquisas sobre o impacto de programas *antibullying* focadas na atuação dos professores verificaram que aumentam as chances de o docente intervir sobre o *bullying*. Os efeitos mais positivos foram dos programas dirigidos especificamente para aumentar o conhecimento e o sentimento de autoeficácia dos professores, uma vez que esses programas podem aumentar a autopercepção do docente sobre as suas habilidades para intervir no assédio, a empatia pela vítima, aconselhando-a como agir, e sua crença de que a gravidade do *bullying* depende da sua intervenção. Foi encontrada grande variabilidade entre os resultados propiciados pelos programas de intervenção nas escolas, o que pode ser atribuído a diferenças de foco, do conteúdo abordado e da quantidade de prática envolvida. Outra possível explicação para essa variabilidade é que é mais difícil modificar atitudes do que habilidades, porque as primeiras envolvem a afetividade, sabidamente menos controlável.

Um exemplo de programa bem-sucedido foi dirigido à intervenção docente sobre o *bullying* utilizando vídeos cujo objetivo era o desenvolvimento de habilidades sociais como resolução de conflitos. As atividades envolveram discussões em grupo, que tinham por objetivo fazer com que os alunos refletissem sobre as consequências da vitimização e desenvolvessem atitudes positivas em relação ao outro como a empatia.

Outro programa consistiu em formar os professores para a prevenção ao *bullying* em todas suas manifestações. Este programa foi realizado em oficinas de formação informando como identificar e combater o *bullying*, treinando formas de abordar o perpetrador do assédio, e até sua família se necessário. Além disso, a intervenção envolveu ainda a orientação na elaboração de um projeto pelos estudantes, visando a criar uma cultura escolar voltada para a boa convivência. O programa foi bem avaliado em vários países que o implementaram, inclusive pela estabilidade dos resultados.

Um programa mais breve treinou os professores para desenvolver atividades que habilitassem os alunos reconhecer o *cyberbullying*, e também promover a boa relação entre eles pelo desenvolvimento da empatia e de estratégias eficazes para lidar com o problema. Esse programa também foi bem avaliado onde foi implantado em virtude dos bons resultados alcançados.

Aliar professores e pais em ações para prevenir o *bullying* foi a estratégia de intervenção de um programa, também com bons resultados, que consistiu em criar consciência do *cyberbullying* e cultivar a empatia entre jovens, por meio de debates e discussões na escola. Os pais participaram por meio de atividades realizadas pelos alunos para informá-los sobre o que aprenderam sobre *bullying* por meio de vídeos e ações como *role playing*. Vale relatar que o programa tem propiciado bons resultados nas escolas que o implantaram.

As pesquisas revistas evidenciam a importância de programas voltados especificamente para formação dos professores, visto que sua intervenção sobre o assédio na escola é essencial para combatê-lo. Verificou-se que produziram bons resultados as intervenções voltadas para desenvolver o sentimento de que sua atuação sobre os episódios de assédio será eficaz, assim como os meios para promover envolvimento ativo dos alunos em atividades de mudança da cultura escolar.

PREVENÇÃO DO *BULLYING*

Pesquisas têm revelado que muitos alunos são vítimas de *bullying* por parte dos professores. Foram identificados vários fatores que influenciam essa prática. Entre as características pessoais, o envolvimento do aluno em perpetração de *bullying*, e também vitimização, associados a baixo envolvimento acadêmico e mau desempenho nos estudos são aspectos que foram verificados que contribuem para o assédio docente. O gênero é uma variável importante, sendo os alunos do sexo masculino mais objeto de *bullying* docente do que as alunas. O clima escolar é outra variável importante, porque se verificou que o assédio docente ocorre em escolas onde as relações são pouco solidárias, e também onde há pouca comunicação e colaboração entre professores e alunos.

Muitas vítimas não relatam aos pais e outros professores estarem sendo alvo de *bullying* por medo de julgamento, ou até mesmo de serem responsabilizados pelo problema. Assim, tem se verificado que muitas dessas vítimas preferem relatar o problema a amigos, ou mesmo colegas de escola. Além disso, as soluções oferecidas pelos adultos ou não ajudam, ou até mesmo pioram a situação. Em virtude disso, foram desenvolvidas algumas intervenções conduzidas por psicólogos como sessões individuais com os alunos onde é oferecido treino de enfrentamento ao assédio sem precisar recorrer aos adultos, ou mesmo amigos.

Outras estratégias realizadas por entidades educacionais que criaram programas de intervenção na Espanha consistem em acesso a um programa on-line que instrui as vítimas sobre como proceder no caso de *cyberbullying*, se empoderando para o enfrentamento pacífico. Também foram formados grupos focais para debater as próprias reações e modificá-las no sentido de enfrentamento adequado, substituindo crenças irracionais por pensamentos mais racionais e equilibrados. Ainda foram realizados treinamentos de estratégias efetivas, e prestadas informações sobre o assédio, como o papel da "plateia" no *cyberbullying*, e também como usar a internet de modo seguro, sem se expor a situações de risco.

Verifica-se que o *bullying* não se restringe aos pares de idade, podendo ser praticado também por adultos, como os professores.

Adultos, como os pais, por exemplo, nem sempre sabem como podem auxiliar as vítimas. Portanto, algumas estratégias, como informações sobre assédio e grupos de conversa, podem capacitá-las para enfrentar o *bullying* e têm se mostrado promissoras. É importante observar que têm sido realizados programas que visam prevenir o assédio moral nas escolas, que detalharemos aqui.

INTERVENÇÕES EM INSTITUIÇÕES EDUCACIONAIS E RECOMENDAÇÕES

É importante relatar uma pesquisa que revisou estudos de intervenções sobre a violência conduzidos em instituições educacionais, desde o ensino básico até o superior, cujo objetivo era verificar a eficácia de programas nelas conduzidos com populações estudantis entre 5 e 30 anos. Buscavam com isso verificar se poderiam indicar recomendações com base nos resultados encontrados. A revisão verificou que a maior parte dos estudos foram realizados em escolas e os demais em universidades. Nas escolas, os programas focaram em *bullying* e comportamento antissocial para alunos entre 5 e 18 anos. Nas universidades focaram em assédio e violência sexual para a população até 29 anos. De modo geral, os efeitos das intervenções foram mais restritos quanto à duração, especialmente com adolescentes. A avaliação realizada pelos estudos descritos também se restringiram mais a conhecimentos e atitudes que não foram avaliados a longo prazo.

Entre as recomendações feitas pelas intervenções foram mencionadas prevenção ao *bullying* por meio de formação em empatia, tomada de perspectiva, controle emocional, solução de problemas e discussão em grupos de apoio. Também foi recomendado o comprometimento da escola como um todo, em relação às regras e sanções, assim como a necessidade de serem baseados em uma avaliação prévia e, também, uma avaliação pós-intervenção. Foi indicada ainda a inclusão de atividades diversificadas, como teatro, jogos, assim como diversos meios de intervenção como vídeos, interação face a face, redesenho do ambiente físico. No tocante à avaliação da intervenção, foi ainda aconselhada a inclusão de formas variadas de avaliação de mudança, como autorrelato, incidência e avaliação dos docentes.

Como já colocado anteriormente, as pesquisas revelaram que os efeitos das intervenções foram restritos quanto à duração. Isto porque poucos estudos avaliaram os efeitos a longo prazo, e também porque outras pesquisas verificaram que a durabilidade estava associada ao tipo de habilidade trabalhada. Assim, focalizar aspectos como regulação emocional, assertividade e enfrentamento cognitivo produziram menos efeitos do que focar em habilidades de resolução de problemas. Porém, uma pesquisa que investigou os efeitos a longo prazo de intervenções em adolescentes, em média 27 semanas depois delas, verificou que foram identificadas mudanças positivas em autoestima, autorregulação, bem-estar geral e problemas internalizantes como depressão.

As estratégias utilizadas foram variadas. A terapia cognitivo-comportamental realizada por psicólogos se mostrou eficaz no desenvolvimento da assertividade para enfrentamento pacífico dos agressores, da resiliência e autorregulação da afetividade. Uma outra técnica usada com as vítimas nas instituições escolares foi a Terapia da Atenção Plena (Mindfulness), conduzida em dez semanas por professores, supervisionados por profissionais da saúde, como psicólogos e enfermeiros, que se mostrou efetiva para reduzir o *bullying* e o estresse causado pela vitimização. A discussão em grupos de alunos e professores sobre a política escolar relativa à convivência na escola, supervisionada por profissionais da saúde, também se mostrou eficaz. A partir dessas discussões os participantes foram instruídos sobre o papel da escola no combate ao *bullying* e colaboraram no estabelecimento de regras de convívio.

Como já colocado, a formação dos docentes tem se mostrado uma medida muito importante para a atuação contra o assédio e estabelecimento de um ambiente escolar pacífico e favorável à aprendizagem. É a partir das atividades de formação dos docentes que se desenvolvem a percepção da gravidade envolvida no assédio, e também da sua capacidade para intervir com sucesso na situação, consolidando seus valores anti-*bullying*, sua empatia pelas vítimas e disposição em defendê-las. Resultados de pesquisas tem evidenciado a importância da atuação docente junto aos alunos para construírem um ambiente favorável ao convívio, e também ao processo ensino-aprendizagem.

Entre as recomendações feitas pelos programas verificou-se a importância do envolvimento dos pais no acompanhamento dos seus filhos, e também dos professores, que podem atuar como ouvintes e construir um ambiente positivo para aumentar a autoconfiança dos alunos e reduzir o *bullying*. Além disso, recomendam que as intervenções considerem as características físicas, psicológicas, culturais e religiosas dos alunos envolvidos, de modo a ajustar as atividades a elas.

Uma análise sobre abordagens para restaurar a convivência na escola menciona um aspecto importante, que é a necessidade de mudar a cultura escolar. Recomendam então que as medidas pretendidas sejam implementadas juntamente com mudanças estruturais na escola, que atinjam um domínio específico como a resolução de conflitos, por meio da prática restaurativa. Assim, para os alunos do primeiro ciclo do ensino fundamental é recomendada a administração de programa de mediação de conflitos, procurando melhorar a comunicação entre colegas, definindo o que é conflito e como resolvê-lo, e também como lidar com a raiva.

No caso específico de *bullying*, é indicada a roda de conversa restaurativa que reúne todos os envolvidos que desejam participar, onde se estimula os agressores a refletir e discutir como reparar a ofensa, mudar de conduta, e qual a melhor forma de atingir esse objetivo. Esta prática é indicada para alunos tanto do Fundamental I como do II, e visa estimular o desenvolvimento da empatia, respeito e valorização da boa convivência, estimulando o estabelecimento de uma cultura da paz na escola. As rodas de conversa também são indicadas para trabalhar a criação de vínculos com os alunos em risco de evasão. Nessas rodas, os alunos são estimulados a relatar o que veem de positivo nos colegas, fortalecendo o apoio do grupo, a autoestima e o desempenho acadêmico.

Para o segundo ciclo do ensino fundamental e ensino médio são indicadas entre as práticas restaurativas, a mediação, que consiste em um programa para a escola toda, para intervir em conflitos e restabelecer a boa convivência. Também são indicadas para este grupo etário rodas de conversa, onde se definem em comum acordo no que consistem ações como assédio, conflito interpessoal e outras questões que podem comprometer a convivência. Ao final, é produzido um documento em conjunto, definindo no que consiste o respeito pelo outro. Também é recomendada a prática de redigir em grupo uma carta de pedido de desculpas, quando ocorre um episódio de assédio na classe.

No caso de alunos envolvidos em algum incidente agressivo, cada participante inicialmente tem uma reunião com um facilitador que explica os objetivos da intervenção, as regras e verifica a disposição do aluno em participar. Em seguida, o grupo que praticou a ofensa se reúne com o facilitador e são solicitados a esclarecer as consequências da ofensa praticada. Finalmente, são solicitados a definir como a ofensa deve ser reparada, o que é registrado em um documento elaborado pelos participantes.

Quando ocorrem casos de violência cometida por grupos de alunos contra outro grupo é indicada a elaboração de um plano de justiça restaurativa. O plano abordando as consequências dos conflitos e assédios é elaborado e discutido com um profissional. Assim, cada ofensor elabora com ele as ações de reparação que tomará, e que deverão apresentar para os colegas. No caso da necessidade de desenvolvimento de habilidades socioemocionais de alunos envolvidos em alguma forma de violência, e por isso em risco de desligamento da instituição escolar, as ações aconselhadas envolvem reunir vítimas e agressores para discutir o impacto da ofensa, e o que pode ser feito para reparar o dano. Ao final é elaborado no grupo um plano de reparação da ofensa.

Também com o objetivo de estabelecer uma boa convivência na escola pode ser criado um comitê formado por dois professores, um coordenador e o outro facilitador, que elaboram em conjunto com os alunos um conjunto de regras estabelecendo as consequências para as infrações como prática de violência, com isso criando um clima de confiança e evitando evasão escolar. Finalmente, quando ocorre um problema de indisciplina na classe, recomenda-se uma reunião destinada especificamente para resolvê-lo, como ambiente tumultuado e pouco propício para a aprendizagem. O facilitador coordena a roda fazendo as questões, registrando as respostas e, no final, comentando o que foi discutido.

Este capítulo analisou como se desenvolve a sociabilidade nas escolas, quais os fatores que a favorecem, como as habilidades socioemocionais, e os que a dificultam, como o assédio na forma de *bullying* e *cyberbullying*, focalizando o papel dos docentes e alunos na convivência cotidiana em seu interior. Foram ainda indicadas ações já tomadas no sentido de combater a violência escolar e promover o desenvolvimento saudável dos alunos.

A conclusão favorecida sobre o papel da escola na constituição da sociabilidade é bastante complexa, envolvendo aspectos tanto positivos como negativos. Entre os primeiros estão a possibilidade de convivência com pares de idade de origens mais diversas das dos alunos, enriquecendo sua experiência e ampliando as possibilidades de desenvolvimento da sociabilidade. Por outro lado, é um ambiente que justamente em virtude da diversidade é mais conflitivo, onde ocorrem episódios de assédio como *bullying*, perpetrado inclusive por professores. Felizmente, existem formas de intervir sobre estes problemas que tem sido bem-sucedidas a curto prazo. São necessárias mais intervenções realizadas e avaliadas em períodos mais longos de tempo, o que comprovará sua efetividade.

Sugestões de leitura

BJERELDI, Y; THORNBERG, R.; HONG, J. S. Why don't all victims tell teachers about being bullied. *Teaching and Teacher Education*, v. 148, n. 1,104664. 20204. Disponível em: https:// doi.org/10.1016/j.tate.2024.104664. Acesso em: 15 out. 2024.

CONTRERAS, D. et al. Negative teacher-student and student-teacher relationships are associated with school drop out: evidence from a large scale longitudinal study in Chile. *International Journal of Educational Development*, v. 91, n. 2, 102576, 2022. Disponível em: https:// doi.org/10.1016/j.ijedudev.2022.102576. Acesso em: 12 mar. 2025.

ESTÉVEZ, E. et al. Programas de intervención en acoso escolar y ciberacoso en educación secundaria con eficacia evaluada: una revisión sistemática. *Revista Latinoamericana de Psicología*, v. 51, n. 3, p. 210-225, 2019. Disponível em: https://dx.doi.org/10.14349/rlp.2019.v51.n3.8. Acesso em: 15 out. 2024.

FERNANDES, G.; DELL'AGLIO, D. D. Evaluation of an anti-bullying intervention in the school context. *Estudos de Psicologia (Campinas)*, v. 40, e210096, 2023. Disponível em: https://doi.org/10.1590/1982-0275202340e210096. Acesso em: 15 out. 2024.

GONZÁLEZ-MORENO, A.; MOLERO-JURADO, M.ª del Mar. Conductas prosociales y violencia escolar en la adolescencia: una revisión sistemática com enfoque cualitativo. *Teoría de la Educación. Revista Interuniversitaria*, v. 35, n. 1, p. 143-166, 2023. Disponível em: https://doi.org/10.14201/teri.28629. Acesso em: 22 jan. 2025.

HIKMAT, R. et al. A scoping review of anti-bullying interventions: reducing traumatic effect of bullying among adolescents. *Journal of Multidisciplinary Healthcare*, v. 17, p. 289-304, 2023. Disponível em: https://doi.org/10.2147/JMDH.S443841. Acesso em: 23 ago. 2024.

REIS, R. Experiência escolar de jovens/alunos do ensino médio: os sentidos atribuídos à escola e aos estudos. *Educação e Pesquisa*, v. 38, n. 3, p. 637-652, 2012. Disponível em: https://doi.org/10.1590/S1517-97022012000300007. Acesso em: 12 mar. 2025.

SCHOEPS, K. et al. Development of emotional skills in adolescentes to prevent cyberbullying and improve subjective well being. *Frontiers in Psychology*, v. 9, Article 20250. Disponível em: https:// doi.org/10.3389/fsyg.2018.02050. Acesso em: 12 mar. 2025.

STROHMEIER, D. Students as victims of bullying by teachers: longitudinal antecedents and consequences. *Social Psychology of Education*, v. 27, n. 6, p. 2967-2990, 2023. Disponível em: https:// doi.org/ 10.1007/s11218-024-09931-1. Acesso em: 23 ago. 2024.

YANG, W.; DONG, H.; GUO, Y. The relationship between school bullying victimization and social mindfulness in middle school students: a chain mediating model of concept and cognition reappraisal. *Frontiers in Psychology*, v. 15, n. 4, 2024. Disponível em: https://doi.org/10.3389/fpsyg.2024.1388301. Acesso em: 23 set. 2024.

Sociabilidade no trabalho

O ambiente de trabalho vem sendo objeto de crescente atenção, em virtude dos danos que ocorrências como *bullying* podem acarretar para a saúde mental das vítimas e para o comprometimento do clima na organização. Segundo pesquisas, cerca de 15% dos funcionários das empresas relatam que têm sofrido assédio como *bullying* no local onde trabalham. Os temas que têm sido mais estudados são conceituação e formas de *bullying* no trabalho, antecedentes e consequências, intervenções sobre *bullying* no trabalho e desenvolvimento de recursos humanos.

As pesquisas também têm focado a influência do gênero, e os riscos envolvidos. Essa mudança na atenção e na concepção de saúde levou ao estabelecimento de fatores de risco que podem impactar tanto a saúde física quanto a mental. Assim, comportamentos negativos no trabalho, inclusive o *bullying*, estão sendo considerados fatores de risco psicossociais importantes, que afetam a saúde e o bem-estar, tornando-se assim objeto de investigação.

O *bullying* implica um desequilíbrio real nas relações humanas. É importante investigar sua ocorrência nas organizações onde pode existir desequilíbrio de poder entre os funcionários, devido aos diferentes e desiguais níveis hierárquicos. Nestas situações, tem se confirmado a existência de discriminação, *bullying* e outros comportamentos abusivos.

Mas nem todos são afetados igualmente no trabalho, havendo grupos mais vulneráveis, que têm menos poder na sociedade, como minorias étnicas e mulheres. É preciso lembrar, porém, que as organizações não são só determinadas pelas suas características internas. São também afetadas por condições sociais preexistentes, como a estrutura da sociedade como um todo, fazendo com que alguns grupos sejam mais afetados do que outros. Tais diferenças ocasionam o desequilíbrio de poder nas organizações.

As relações sociais entre homens e mulheres que são baseadas em hierarquia e subordinação são reproduzidas nas organizações. Nesse sentido, é frequente que as mulheres recebam salários mais baixos que os homens, que ocupem posições com menor poder e, muitas vezes, tenham contratos temporários de trabalho – tudo isso pode gerar maior vulnerabilidade e, consequentemente, mais estresse. No Brasil, pesquisas mostram que as diferenças salariais entre homens e mulheres são em torno de 20%.

A vulnerabilidade feminina aumenta nos casos em que as organizações decidem se reestruturar e reduzir os recursos humanos, o que frequentemente leva ao *bullying* na forma de críticas, que não são pessoais, mas produto da lógica empresarial. Os estereótipos sobre as mulheres ajudam a agravar essas situações de exposição a esse tipo de assédio.

Em relação a gênero, o *bullying* não difere só na frequência em que ocorre, mas também no impacto que tem sobre a vítima. As mulheres relatam experienciar mais estresse, enquanto os homens relatam mais ansiedade, relativa à percepção sobre sua masculinidade.

Ainda no local de trabalho, o *bullying* resulta de um ambiente social inadequado, com incompatibilidade de cargo ocupado, sobrecarga de trabalho, conflito de função, insegurança. É frequente o risco de *bullying* perpetrado pelas chefias. Alguns estudos relataram que onde existem queixas de funcionários serem alvo de *bullying* verifica-se omissão generalizada dos superiores hierárquicos no ambiente.

Também foi verificado que os indivíduos com pouco poder de influência tinham maior risco de sofrerem *bullying*, ou aqueles que estavam submetidos a lideranças injustas, ou que não tinham poder na organização. Ocupar um cargo incompatível com a formação ou histórico profissional, ter pouco apoio dos administradores também foram preditivos de *bullying*, assim como pouco controle sobre decisões e previsibilidade sobre a situação de trabalho.

Uma liderança destrutiva pode causar adoecimento, já que seu papel é justamente dar apoio para reduzir o estresse. Por outro lado, lideranças justas são importantes para compromisso, motivação, confiança e saúde dos funcionários. O apoio dos colegas também é importante para reduzir o *bullying*, assim como a habilidade em lidar com estresse.

A DINÂMICA DO ASSÉDIO SEGUNDO OS ALVOS

As interações entre a chefia e os funcionários envolvem discussões e negociações relativas a direitos e deveres, que tanto podem ser respeitados e defendidos quando há equilíbrio de poder, como desrespeitados no caso de desequilíbrio, ou mesmo quando esses direitos são negados. É importante observar que as vítimas podem até adoecer, ou ficar incapacitadas para o trabalho quando sofrem esse tipo de assédio.

Se o *bullying* persiste, a relação entre assediador e vítima se torna cada vez mais assimétrica, refletindo o desequilíbrio de poder. Nessas situações, o assediador exerce controle sobre as ações, o que facilita o *bullying*. Foi verificado também que o *bullying* ocorre em um contexto que legitima a desigualdade de poder, colocando a vítima como incompetente e inapta profissionalmente. A vítima pode apelar para enfrentamento ou esquiva.

A reação da vítima, enfrentamento ou esquiva, vai depender também da sua posição na organização, assim como da sua habilidade para se posicionar e sua relação com o assédio. As vítimas ou desenvolvem resiliência e relatam o assédio a um superior, ou mantém distância do perpetrador quando possível.

Verifica-se, assim, que o assédio de forma geral no ambiente empresarial é favorecido não só pelo desequilíbrio de poder entre os membros da empresa, mas também pelo nível de sua organização, isto é, quanto mais desorganizado o ambiente, maior a probabilidade de incidência de assédio. Além disso, não há consenso dos funcionários sobre quem deve se responsabilizar por intervir e resolver os casos que ocorrem. Vale relatar que tem sido sugeridas possíveis intervenções que podem talvez resolver os casos de assédio no trabalho, como treinamento da atenção plena ou meditação, terapia cognitivo-comportamental, treinamento de apoio pelos supervisores e outras.

No caso de assédio perpetrado por superiores da vítima, os pesquisadores aconselham o estabelecimento de regras claras que devem regular as relações no ambiente de trabalho. Já para os casos de assédio pelo setor de Recursos Humanos, sugerem apresentar queixa à direção, ou mesmo mover um processo judicial documentado com provas e testemunhos de colegas.

Cerca de 15% dos funcionários das empresas sofrem *bullying* no trabalho, que vão desde maledicência, isolamento da vítima até retenção de informação. Porém, poucas pesquisas têm procurado fazer uma análise da eficácia dessas intervenções realizadas, de modo a verificar quais delas realmente surtiram o efeito esperado. A variedade de tipos de agressões dificulta a análise de quais estratégias são realmente eficazes na redução do *bullying* no trabalho, causado por vários fatores, desde aqueles mais abrangentes, como os motivados por gênero ou assédio por diferenças na hierarquia. E as intervenções realizadas nas empresas tiveram um efeito modesto sobre a incidência do *bullying* no ambiente de trabalho, além de não ter se verificado a permanência desses efeitos depois um período maior de tempo.

O ASSÉDIO NO AMBIENTE DE TRABALHO EDUCACIONAL

Os locais de trabalho atuais estão sendo cada vez mais afetados pela presença de assédio como o *bullying*. Esse problema tem despertado o interesse da comunidade científica e da mídia, não só pelo impacto negativo nas organizações, mas também por questões éticas e sociais que não se limitam ao ambiente de trabalho.

Considera-se que está ocorrendo assédio quando funcionários são molestados repetidamente ou submetidos a outras condutas negativas infligidas por superiores hierárquicos ou mesmo colegas. O assédio pode, também, ser despersonalizado: quando não ocorre agressão a um indivíduo específico, mas a organização toda mantém um clima de hostilidade e opressão para qualquer membro, provocando os mesmos efeitos negativos que o pessoal.

A prevalência do assédio ocorre mais no setor de serviços, especialmente na área da saúde e no ambiente educacional. Embora os estudos sobre *bullying* tenham focalizado inicialmente os alunos como objeto de assédio, verificou-se posteriormente que os professores também enfrentam ameaças. Esse assédio pode impactar negativamente a interação professor-aluno, porque o ensino envolve uma relação de cuidado, atenção e empatia da parte do professor em relação ao aluno, que pode ser prejudicada em caso de estresse causado por violência no ambiente de trabalho.

Os diretores têm sido reconhecidos como os principais perpetradores do assédio contra os professores, tanto direta como indiretamente. Porém, colegas também têm sido apontados como perpetradores. Há países, como os Estados Unidos, onde mais da metade do corpo docente reclama de assédio perpetrado por colegas, enquanto em outros, como Romênia e Estônia, o índice é próximo de zero. No Brasil, foi verificado por pesquisa que 12,5% dos professores relataram ter sido assediados por colegas.

Foram relatados vários tipos de assédio, identificando-se a intimidação, o abuso emocional, o isolamento da vítima, a negação ou a imputação do problema à vítima, o que é bastante frequente no ambiente de trabalho. Também foram verificados o recrutamento de colegas para vigiar a vítima a fim de relatar ao superior quaisquer problemas observados em seu comportamento, o uso da posição superior para rebaixá-la com controle do salário, e até o uso de ameaças físicas.

Algumas experiências negativas foram relatadas por professores do equivalente ao ensino fundamental que participaram de uma pesquisa sobre o ambiente de convivência em uma instituição espanhola, indicando similaridades em relação ao fenômeno numa escala global, incluindo o Brasil. Foram elas: carga excessiva de trabalho, abuso emocional como humilhações, uso de palavras de baixo calão ou insultos, uso indevido do poder, rebaixando a vítima para executar trabalhos inferiores. Todos relataram que o assédio foi perpetrado por professores seniores na instituição, e uma minoria informou ter sido importunada também pelo diretor.

Os professores relataram também a sobrecarga de trabalho, como pouco tempo para executar a tarefa, com a finalidade de desqualificá-los caso não conseguissem. Informaram ainda que essa sobrecarga os impedia de interagir com colegas, enfrentando isolamento. Além disso, a sobrecarga atingia só alguns professores, enquanto outros eram poupados. Segundo os pesquisadores, o isolamento intencional da vítima não é raro: ela acaba se isolando propositalmente para fugir do ambiente hostil.

Foram também relatadas pelos participantes desqualificações da sua experiência perpetradas pelos assediadores, que os definiam como novatos ou inexperientes. E, além disso, suas sugestões, comentários e informações eram sempre ignoradas pelos perpetradores do assédio. Também relataram uso de linguagem obscena na presença de alunos e posturas corporais ameaçadoras. Essas agressões não eram cometidas só pelos diretores, mas também pelos professores seniores, que ocupavam posição privilegiada, em virtude dos anos de serviço que os habilitava a exercer controle.

A existência de um grupo privilegiado não é rara no ambiente de ensino, o que faz com que se sintam seguros para transferir suas tarefas para as vítimas, e também para praticar *bullying*. As vítimas caracterizaram esses colegas assediadores como inseguros e invejosos em virtude de sua capacidade de manter o foco e dedicação ao trabalho. E ainda os caracterizaram como pessoas agressivas, muitas vezes incapazes de lidar com comentários, desacordo com suas ideias e controlar a própria tendência à violência. Essas características contaminavam o ambiente de trabalho, tornado hostil e inseguro.

As vítimas informaram ainda que alguns problemas aumentavam de proporção em virtude da ausência de intervenção da direção, que assistia ao assédio sem reagir, por ser incapaz de interromper a agressão quando deveria. Uma explicação alternativa para essa passividade diante das agressões praticadas por outros professores era a proximidade e a amizade dos assediadores com a direção.

Os resultados comprovam o que já havia sido verificado em outras pesquisas, de que lideranças ineficazes resultam em um ambiente negativo, onde os assediadores agem em conivência com a administração, tornando o clima de trabalho mais estressante e ameaçador. Algumas vítimas recorrem aos amigos para desabafar, o que as ajuda a se sentir melhor, mas sem resolução do problema, porque são focados nas emoções e não no lidar adequadamente com ele.

Vale lembrar que o trabalho de professor envolve tanto domínio do conteúdo da disciplina que ministra quanto de recursos psicológicos para lidar com várias demandas no plano emocional, como a grande dedicação exigida, levando a pouca disponibilidade para outras exigências. Assim, a possibilidade de esgotamento emocional (*burnout*) é alta e motivo de abandono da profissão e até aposentadoria precoce. Enquanto o *burnout* envolve desinteresse, e até uma certa desilusão em relação à profissão, o compromisso com o trabalho se expressa em dedicação, manifestada pelo alto interesse e envolvimento com as atividades, assim como energia e concentração nas tarefas.

Verifica-se assim que a profissão de professor está muito relacionada aos seus sentimentos, bem-estar e compromisso em relação ao trabalho, assim como seu desempenho e funcionamento. Mas fatores relacionados ao clima reinante no ambiente de trabalho, e com a cultura onde está inserido, têm um papel importante no *burnout*, seja o exacerbando, seja o diminuindo, neste caso por contar com o apoio de colegas e superiores. Também são importantes o sentido de autonomia e de controle sobre o ambiente, a carga de trabalho, e existência de conflitos.

Vale lembrar a importância das expectativas não correspondidas, frequentemente causadas pela pouca participação nas decisões, falta de autonomia, apoio de colegas, assim como conflitos associados ao trabalho. A troca de informações com colegas sobre problemas e pedido de apoio é relevante, assim como sugestões positivas, impressões e preocupações com a organização da qual participam. Essas trocas são fundamentais para a qualidade do ambiente e a permanência do funcionário.

O compromisso com o trabalho se associa positivamente com a expressão honesta de opiniões. Porém, o professor pode experienciar incerteza em relação à manifestação dessas opiniões para quem pode implementá-las no ambiente de trabalho. Isso porque podem envolver questões delicadas, como conduta não apropriada de um colega ou sugestões de melhoria.

Uma pesquisa avaliou os tipos de silêncio do professor, o seu *burnout* e seu compromisso com o trabalho. Foi verificado que o sentimento de segurança no trabalho estava relacionado à confiança no grupo, no que diz respeito a poder conversar sobre assuntos difíceis. Os resultados mostraram relação significativa entre *burnout* e silêncio, tanto voluntário como passivo, assim como falta de compromisso com o trabalho. Essa relação confirma que a ausência de manifestação é muito frequentemente resultado do medo. A exaustão emocional também se mostrou relacionada com o silêncio, provocado pelo medo de se manifestar no trabalho.

Assim, pode-se concluir que a segurança no ambiente da escola desempenha um papel importante para a saúde e permanência do professor. A docência envolve tanto experiências positivas como negativas, mas é necessário verificar o quanto os docentes sentem que é preciso manter o silêncio sobre suas opiniões.

Outro fator estressante para o professor é o que as pesquisas têm caracterizado como assédio moral perpetrado pelos alunos. Observa-se que esse tipo de assédio pode se dar pela conduta inadequada em sala de aula, como proferir palavras de baixo calão, assim como zombar das características físicas, caçoando da sua aparência, tom de voz, entre outros escárnios. Esse tipo de assédio se assemelha ao que é praticado de aluno para aluno, que consiste em zombarias pela aparência física ou características de personalidade, como timidez, entre outras particularidades.

Uma pesquisa divulgada por uma revista brasileira dedicada a questões e práticas educacionais revelou que, segundo dados divulgados pela Organização para a Cooperação e Desenvolvimento Econômico (OCDE) sobre a violência em escolas no mundo, realizada com mais de 100 mil professores, o Brasil apresenta o maior índice de violência contra docentes. Foi constatado que 12,5% deles afirmaram ser vítimas de agressões verbais ou intimidações de alunos, e mais de 50% professores de uma região relataram já ter sofrido algum tipo de agressão, incluindo o *bullying*.

O artigo traz ainda dados obtidos em uma pesquisa feita pelo Sindicato dos Professores que revelou que mais da metade dos docentes da rede de ensino público informaram já ter sofrido algum tipo de agressão, sendo a mais comum a agressão verbal (44%), seguida por discriminação (9%), *bullying* (8%), furto/roubo (6%), e agressão física (5%). Além disso, 8 entre cada 10 professores relataram ter sofrido algum tipo de agressão no ambiente escolar no ano anterior.

Pesquisas com professores reforçam esses dados e apontam que essas agressões vêm de várias fontes. Professores podem sofrer *bullying* em sala de aula por meio de comportamentos disruptivos ou ridicularização dos alunos, por meio de boatos espalhados entre a comunidade escolar e, também, via *cyberbullying*, com o aumento da popularidade das mídias sociais.

Além disso, podem sofrer esse tipo de violência por meio dos pais dos alunos e até mesmo de colegas de trabalho. Ser intimidado no ambiente profissional pode fazer o docente repensar a sua profissão e trazer graves consequências para a sua saúde emocional. A matéria informa que em 2018 uma Secretaria Municipal de Educação emitiu 3.055 licenças por doenças relacionadas ao estresse e à depressão.

Nesse sentido, é importante que os gestores intervenham, criando condições para estabelecer uma cultura escolar que valorize a paz, garanta o respeito aos professores, repudiando qualquer tipo de violência contra eles, inclusive por parte das famílias dos alunos, que muitas vezes buscam desmoralizar os docentes. É importante que a gestão estabeleça limites, mostre-se aliada desses profissionais, e também transmita aos pais a importância do respeito e da valorização do professor. Por fim, é fundamental que o gestor saiba dar *feedbacks* ao professor de forma apropriada, para que este não se sinta intimidado e alvo de críticas constantes.

As iniciativas precisam se estender até a sala de aula, e para isso é importante que os docentes discutam entre si o que consideram princípios comuns e que, destes, resultem normas de conduta a serem acordadas com os alunos, como respeito e tolerância. O envolvimento dos alunos no estabelecimento de regras faz com que não só reflitam sobre suas atitudes, mas também se sintam responsáveis por elas, o que aumenta a probabilidade de que venham obedecê-las.

É importante ainda que os professores estejam abertos a críticas e sugestões dos alunos, assim como dispostos a modificar as regras, caso seja necessário. Vale relatar, ainda, sugestões para melhorar o clima na escola, que se referem estreitamente à sociabilidade. São elas a formar os educadores da instituição para o enfrentamento e a intervenção de problemas de convivência na escola, desenvolvendo habilidades necessárias para a atuação com os alunos nessas questões. Uma segunda sugestão é efetivar o hábito da reflexão na instituição, estimulando atividades em que sentimentos, valores e estratégias de enfrentamento de conflito sejam compartilhados visando o combate ao *bullying*. E, por último, a implantação de práticas que auxiliem a manutenção do bom clima escolar, como mediação de conflitos e formação de alunos para auxiliar os professores na resolução dos problemas.

Vale relatar ainda que uma cartilha gratuita foi criada por um grupo de pesquisadores da Universidade de São Paulo para orientar profissionais a lidarem com o problema do assédio na escola. Além de informar sobre impactos para a saúde, como sintomas psicossomáticos (entre eles a insônia), problemas de saúde mental (como o estresse) e de socialização (como insegurança). A cartilha traz informações sobre desenvolvimento de tolerância e cooperação entre os alunos, assim como medidas preventivas que impactam o ambiente escolar, promovendo a saúde mental na instituição.

O assédio moral contra os professores não se limita ao ensino básico, pois pesquisas relatam o problema também em universidades. Segundo esses estudos, o assédio moral pode ocorrer nas universidades, porque nelas não são raras as situações de competição entre docentes por cargos, recursos para pesquisas e publicações, favorecendo rivalidade e sentimentos negativos.

A pesquisa verificou ainda que no caso de assédio moral envolvendo membros do corpo docente, quase metade dos participantes relatou que foi assediada por colega, o qual tentou intimidar ou proferiu ofensas ou críticas, desvalorizando-o nos casos de menor formação. Em quase um terço dos relatos, os docentes informaram que também testemunharam assédio moral cometido contra colegas, com ofensas ou pressão para não concorrer em concursos. Também informaram ter testemunhado os assediadores praticando maledicência sobre colegas. Relataram ainda ter tido conhecimento de colegas agindo como assediadores contra alunos, pressionando-os para realizar atividades que os beneficiaria, não relacionadas com as discentes.

Foi verificado que, também em um terço dos casos, o assediador ocupava posição de chefia, que, mesmo temporária, era usada para ações autoritárias como intervenção sobre a participação de colegas em comissões e outras atividades sem consulta prévia. Também foi testemunhado por outros professores o assediador desvalorizando e ridicularizando colegas publicamente ou, ainda, se beneficiando de atividades delegadas a colegas menos graduados ou alunos.

Foram ainda relatados casos de assédio perpetrado por superior hierárquico, dotado de maior poder, cuja ação teria causado consequências mais graves sobre a saúde da vítima, por esta se sentir ainda mais impotente e com mais dificuldade para resolver o problema. Esses indivíduos desvalorizaram o subordinado como incompetente e exerceram o poder de forma autoritária e injusta.

Vale mencionar também a pesquisa realizada com dirigentes de uma universidade para aferir o seu conhecimento em relação à violência de gênero no ambiente acadêmico. A pesquisa verificou que os dirigentes nem sempre têm conhecimento de incidência desse tipo de assédio na sua instituição, pois verificou-se que superestimaram a frequência de discriminação de gênero e machismo. Segundo os autores da pesquisa, o erro na estimativa pode ter ocorrido devido ao fato de esses gestores já estarem conscientes da gravidade desse tipo de problema.

Já sobre a ocorrência de violência na universidade, a tendência foi oposta, pois a maioria subestimou a frequência desses problemas, embora mais da metade dos docentes e alunos informarem ser frequente a ocorrência de violência interpessoal na graduação. Por outro lado, mostraram-se bem-informados sobre a universidade extrapolar os limites do *campus* em relação a ocorrência de situações de violência perpetradas por membros da comunidade.

Mostraram ter consciência também de que a violência de gênero é um fenômeno global, que necessita de políticas específicas para combatê-lo. Verificou-se ainda que não só os dirigentes, mas também os integrantes da comunidade universitária, consideram que a violência faz parte do cotidiano, o que pode levar a uma naturalização das reações interpessoais violentas.

Embora, como gestores, devessem estar cientes sobre a violência que ocorre na universidade, a maioria não soube informar como esta é praticada na instituição que dirige. Também a grande maioria informou não ter conhecimento sobre os meios disponíveis na instituição para lidar com a violência de gênero, o que pode resultar na ausência de enfrentamento do problema.

No que diz respeito ao poder do reitor de disciplinar a comunidade universitária nas unidades, só um terço mostrou ter essa informação. Por outro lado, mostraram estar cientes acerca do poder disciplinador dos gestores das unidades sobre elas. Também não souberam informar sobre as medidas necessárias no caso de ocorrência de violência de gênero na universidade, e as providências necessárias para coibi-la. Tal atitude se deve possivelmente à crença de que a universidade deve manter a neutralidade racional científica em favor da lógica meritocrática. Mesmo ainda restando esses pontos a esclarecer, a pesquisa concluiu que os dirigentes estão cientes de que a violência de gênero acontece na universidade e merece atenção.

INTERVENÇÕES PARA DIMINUIR O *BULLYING*

As desigualdades de poder e o contexto organizacional universitário influenciam a ocorrência de *bullying* e indicam interações entre funcionários em papéis específicos que perpetuam o assédio crônico nas organizações.

Um aspecto que dificulta a identificação e intervenção é quando a interação ocorre entre alguns cargos que envolvem diferença de poder, ocasionando uma relação assimétrica. Alguns estudiosos do problema consideram que a perpetração de *bullying* no ambiente de trabalho é mais provável justamente em interações que envolvem pessoas com diferença de poder, seja ela explícita ou não.

Outro aspecto a ser lembrado é a dificuldade de averiguação do assédio, em virtude do caráter subjetivo envolvido, o que pode dificultar a intervenção para interromper o problema. Essa dificuldade em averiguar o problema pode até comprometer a produtividade na organização e ainda pode resultar em aumento das formas de assédio verbal e não verbal.

Uma alternativa é focar no desequilíbrio de poder no ambiente de trabalho, de forma a poder auxiliar a administração da organização a prevenir ocorrências de *bullying*. Outra medida é buscar informações que são importantes para identificar o assédio, por exemplo, como a vítima percebe a intenção do assediador, quais as consequências para as pessoas e para a instituição, assim como a confirmação de testemunhas.

A administração pode usar os elementos do *bullying* para determinar a natureza, a gravidade, o objetivo e a resolução do assédio em investigação. São elementos mais importantes, a intenção do assediador e o ponto de vista da vítima, que não são fáceis de averiguar e manejar. Isso em função não só da subjetividade envolvida, mas também das implicações para o local de trabalho, configurado em caso positivo como tóxico. Os resultados de intervenções são muitas vezes incertos, podendo até prejudicar a vítima.

O importante é a administração focar na associação entre os fatores do contexto organizacional e as dinâmicas das interações que fortalecem o *bullying*. Isso implica entender situações menos definidas e mais difíceis de lidar, que podem envolver maior poder do perpetrador, ou o de suas relações na organização do que a administração tem. Essa indefinição explica o motivo pelo qual as vítimas avaliam negativamente os administradores ao lidarem com o *bullying*. E também quando é perpetrado por superiores hierárquicos ou seniores, o assédio é considerado pior, porque a vítima sente-se mais impotente do que se fosse praticado por um colega do mesmo nível, o que facilita a reação.

Essa situação de maior complexidade envolvendo vítima, administradores, funcionários com diferentes graus de poder na organização dificulta a intervenção sobre o assédio. Nesse sentido, a probabilidade de que o assediador não sofra punição é bastante alta, o que compromete o ambiente de trabalho. Assim, as pesquisas têm recomendado que os administradores investiguem o problema na organização, que deve apoiá-los para que consigam realizar o trabalho.

É importante que seja estabelecida pelos gestores uma cultura de tolerância zero em relação à violência, e que se promova a confiança e a integração entre todos os membros da organização. Também é importante o estabelecimento de canais de comunicação e oportunidades de treinamento para intervenções anti-*bullying* quando necessárias. E os gestores devem garantir que todos estejam cientes dos aspectos expostos aqui, e também que os procedimentos deverão ser obedecidos.

Concluindo, verificamos pelas pesquisas examinadas neste capítulo que o assédio no ambiente de trabalho ocorre tanto em ambientes empresariais como educacionais. E pode ocorrer tanto entre colegas, como entre superiores hierárquicos e subordinados, o que confere mais gravidade ao problema, pela dificuldade da vítima de se defender, e até mesmo ser auxiliada por funcionários da administração. As variáveis que favorecem a ocorrência do assédio são gênero, desequilíbrio de poder, mesmo que informal, como antiguidade na organização e permissividade da gestão em relação a assediadores.

A organização do ambiente também é importante, pois quanto menor ela for mais se favorece a violência por assédio, que pode ser perpetrado da injustiça na atribuição da carga de trabalho até humilhação pública. As reações das vítimas também variam, pois algumas recorrem à administração para solucionar o problema, enquanto outras silenciam e abandonam o trabalho. A forma de prevenir essas ocorrências é a discussão para o estabelecimento de regras claras que coíbam a ocorrência do assédio no ambiente de trabalho.

Sugestões de leitura

BODDY, C. R.; BOULTER. L. HRM's response to workplace bullying: complacent, complicit and compounding. *Journal of Business Ethics*. 2024. Disponível em: https://doi.org/10.1007/s10551-024-05755-3. Acesso em: 27 fev. 2025.

DÍAZ-GUERRA, A. et al. Interventions against bullying at work: a meta-analysis. *Work & Stress*, v. 39, n. 1, p.1–30, 2025. Disponível em: https://doi.org/10.1080/02678373.2024.2435677. Acesso em: 27 fev. 2025.

HOPREKSTAD, Ø. L. et al. Exposure to bullying behaviors at work and depressive tendencies: the moderating role of victimization from bullying during adolescence. *Journal of Interpersonal Violence*, v. 36, p. 23-24, 115576-116012, 2021. Disponível em: https://doi.org/: 10.1177/0886260519900272. Acesso em: 4 mar. 2025.

LÓPEZ-VÍLCHEZ, J. J. Is there a single profile of a victim of workplace bullying? The prevalence of workplace bullying in the educational sector in Spain and its consequences for teachers'health. *Social Sciences*, v. 13, n. 413, 2024. Disponível em: https://doi.org/10.3390/socsci13080413. Acesso em: 27 fev. 2025.

MAITO, D. C. et al. Percepções de gestores sobre violência baseada em gênero na universidade. *Research, Society and Development*, v. 11, n. 5, e1611527815, 2022. Disponível em: https:// doi.org/10.33448/rsd-v11i5.27815. Acesso em: 27 fev. 2025.

RODRIGUES, M.; FREITAS, M. E. Assédio moral nas instituições de ensino superior: um estudo sobre as condições organizacionais que favorecem sua ocorrência. *Cadernos Ebape BR*, v. 12, n. 2, 6, 2014. Disponível em: https://doi.org/10.1590/1679-39518275. Acesso em: 27 fev. 2025.

SCHERER, Z. A. P. et al. *Violência escolar*: ações de intervenção e prevenção. Escola de Enfermagem de Ribeirão Preto. São Paulo: Universidade de São Paulo, 2018.

VINHA, T. P.; NUNES, C. A. A. As agressões do aluno ao professor: cenários e possibilidades. *Unisinos*, 24, 2020. doi:10.4013/edu.2020.242.33.

A ação da mídia

A INFLUÊNCIA DAS MÍDIAS SOCIAIS

O acesso facilitado pela internet às tecnologias de informação e comunicação tem favorecido a manifestação de opiniões e a troca de informações, levando ao surgimento do que se tem chamado de rede social, entre outras denominações, como mídia social. Porém, o termo "mídia" é considerado mais amplo por se referir também aos diversos meios de comunicação e veiculação de notícias e entretenimento, como o rádio e a televisão. Atualmente contamos com os meios propiciados pela internet, com as tecnologias de comunicação, cujo acesso se dá por computadores e telefones celulares.

O grande diferencial atual consiste em o indivíduo não ser mais passivo na interação com a tecnologia, assumindo um papel muito mais ativo, produzindo o conteúdo que quer ver divulgado. Nesse sentido, os pesquisadores que adotam o termo "mídia social" justificam pelo uso de meios eletrônicos para interagir com outras pessoas, compartilhando informações e opiniões. Já os que preferem o termo "redes sociais" entendem como um princípio de organização do sistema, que se refere à incorporação de várias pessoas interagindo por meio da tecnologia. Vale lembrar, ainda, que o termo envolve várias redes, como as acadêmicas, comerciais e outras, o que pode contribuir para uma maior integração das informações existentes.

Também tem sido colocado que as redes sociais atendem a uma característica essencial do ser humano que é a sociabilidade. Ela estaria potencializada pela conexão e comunicação com outras pessoas, de qualquer lugar e em qualquer momento, desde que esteja disponível a tecnologia para tal. Outro aspecto a salientar é a autonomia para a realização de tais ações, o que favorece o uso. Nesse sentido, o que se observa é a participação cada vez mais frequente e precoce no uso dessa tecnologia.

Numa comunidade virtual, os integrantes gerenciam a adesão de novos membros e a inserção de conteúdos. Há estudos que consideram que essas práticas geram espaços de construção de subjetividades, que são essenciais para a sociabilidade. A tecnologia apoia o conjunto de integrantes, que podem ser pessoas e instituições, ligados por vínculos sociais, mantidos pelas interações que se dão no ambiente virtual que os fortalecem e expandem.

Um aspecto importante nas redes sociais é a troca de conhecimento, o que influencia ideias, concepções e valores de seus membros membros. No início do século XXI, com o advento da possibilidade de interagir na internet – que deu origem às primeiras comunidades virtuais –, as pessoas iniciaram um novo modo de se relacionar, passando a produzir (e não só consumir) informações e conteúdos, fortalecendo as redes sociais, cujo poder de influência aumentou por características como velocidade, independência de localização do usuário e outras.

Essa influência se dá no âmbito de valores, de estilo de vida e da concepção de si, até mesmo em crianças, gerando polêmicas sobre as consequências do acesso a conteúdos nem sempre apropriados. Por outro lado, possibilita novas aprendizagens pela liberdade propiciada e curiosidade que desperta. A solução, segundo alguns pesquisadores, estaria em cuidar para que as crianças interajam com a rede de modo que saibam lidar proficuamente com a enorme quantidade e diversidade de informação veiculada neste meio. Tais interações requerem habilidades para obter e selecionar as informações desejadas. No entanto, mesmo ainda sem maturidade para saber o que se adéqua mais a elas, crianças estão interagindo com a tecnologia cada vez mais cedo, por meio de jogos e vídeos, que assumiram o papel de proporcionar o brincar e se divertir.

Esses novos contextos de interação propiciam outras experiências pela percepção de tempo e espaço no ambiente virtual, o que pode afetar até o pensamento. Uma pesquisa com crianças de até 12 anos verificou que a maioria preferia assistir a vídeos no YouTube como atividade de lazer. Constatou que a influência exercida pelos apresentadores de conteúdos nesta plataforma, os chamados youtubers, era próxima à da família e amigos. Essa influência possivelmente não se restringe só aos jovens, já que cerca de 75% dos brasileiros acompanham algum canal da plataforma, de acordo com outro estudo.

Outra fonte de influência são as redes sociais virtuais, como Facebook e Instagram, em que usuários se inscrevem, criam seus perfis e inserem informações e outros materiais como fotografias, que podem ser comentados por quem os acompanha. Essas formas de interação no ambiente virtual permitem a troca de ideias e informações, consistindo em uma forma de relacionamento que influi sobre a sociabilidade.

É importante lembrar, como já salientaram pesquisas, que as pessoas que interagem com celebridades nas redes têm uma falsa sensação de proximidade com elas, pelo acesso facilitado e o tom coloquial dos conteúdos ali colocados. Por esse motivo, as celebridades têm um grande poder de influência sobre seus seguidores. As características e os valores que disseminam nas redes favorecem a identificação. Porém, uma pesquisa verificou que essa influência resulta frequentemente em um sentimento de inferioridade e frustração nos jovens seguidores, que com elas desejam se assemelhar.

Por isso, tem-se alertado para a importância de se atentar para a variedade de meios de comunicação disponíveis, que possibilitam relações que atualmente estão constituindo as subjetividades na juventude. As vivências em uma sociedade tecnológica, como a que estamos inseridos, podem ter muita influência no desenvolvimento psicológico dos jovens, em termos dos valores que serão formados. Nesse sentido, vale relatar o estudo que apresentou o dado alarmante de que o Brasil é o segundo colocado na quantidade diária de tempo gasto na internet, atrás apenas da África do Sul.

Uma pesquisa transversal investigou a incidência de problemas de adição à internet junto a mais de 2 mil estudantes brasileiros, de ensino médio e ensino superior, por meio de questionários. Foram levantados dados demográficos, perfil socioeconômico e hábitos de vida, como prática de exercícios, consumo de álcool, frequência e tipo de uso de internet.

Foi verificado que a incidência de adição mais grave à internet atingia 6% dos estudantes, e mais da metade da amostra tinha algum problema relacionado à adição à tecnologia. Esses índices se revelaram maiores do que em muitos países, encontrando-se ainda diferenças entre regiões brasileiras e os níveis de ensino. Tais diferenças podem ser atribuídas ao nível socioeconômico, custo do acesso e disponibilidade local de tecnologia.

Os pesquisadores ressaltam que o uso da internet tem trazido benefícios, sendo uma fonte importante para o aprendizado dos alunos. Porém, quando ele se torna abusivo, manifestado na falta de controle, pode ser prejudicial para a saúde mental do aluno, assim como para seus relacionamentos com a família e amigos. Os telefones celulares têm parte da responsabilidade do uso abusivo, pois sua portabilidade facilita maior acesso à internet, em qualquer horário, sem depender mais de um computador fixo.

O estudo verificou que quase todos os participantes da pesquisa usavam a internet diariamente, sendo que a maior parte do tempo era gasta em atividades de lazer. Esses resultados são semelhantes aos encontrados por outra pesquisa, que verificou que quase a totalidade de uma amostra de alunos de Medicina usava a internet diariamente, metade dos quais com aplicativos de mensagens instantâneas, principalmente o WhatsApp.

O aumento no tempo despendido na internet prejudicou o desempenho nas avaliações, e as alunas, que relataram índices maiores de uso, tiveram maior frequência de problemas de adição, o que pode estar associado à maior tendência do sexo feminino a se comunicar. Por outro lado, foi verificado que a idade também influi, pois os estudantes mais jovens se mostraram mais vulneráveis à adição. Uma explicação para essa diferença é a internet favorecer a superação de medos e inseguranças dos mais jovens, pelas possibilidades de interação com outros usuários com troca de informações sobre o tema.

A pesquisa verificou que o nível socioeconômico influencia o uso da internet, sendo que os menos favorecidos revelaram menor prevalência de problemas de adição, principalmente os alunos do ensino superior, e aqueles exercendo atividades remuneradas. O custo associado à aquisição dos dispositivos necessários para a conexão e a menor disponibilidade de tempo podem ser os responsáveis pela diferença.

Vale salientar que o uso frequente da internet pode ser um fator de risco para a saúde, dependendo da idade e de outras variáveis do usuário. Para os alunos mais jovens, a exposição a fotos e vídeos na internet, exibindo o consumo de álcool, pode influenciar sua decisão de experimentar a substância. Também foram verificados distúrbios como insônia e sonolência durante o dia entre jovens com maior incidência de problemas de adição à internet, o que pode ser explicado pela exposição à luz das telas à noite, que prejudicam o sono.

Foi verificada, ainda, relação entre problemas de adição à internet e estilo de vida pouco saudável. As longas horas despendidas na rede podem resultar em hábitos nocivos à saúde, como alimentação inadequada, por estar frequentemente reduzida ao consumo de alimentos ultraprocessados, e falta de exercícios físicos. Porém, os pesquisadores advertem que não se pode afirmar causalidade nessa relação. As pesquisas mencionam também que o uso frequente da internet pode resultar, além da dependência, em substituição da vida real pela virtual, comprometendo a vida social do usuário, sua produtividade nos estudos e contribuindo para reprovação e evasão escolar.

Assim, profissionais da saúde e da educação devem ficar atentos e medidas precisam ser adotadas para prevenir e acompanhar os jovens, dado que mais da metade dos pesquisados revelou ter problemas de adição à internet. É essencial que o ambiente educacional também esteja atento e capacitado para alertar os alunos sobre os riscos envolvidos na prática de uso da rede. Também é importante que sejam adotadas medidas de incentivo à atividade física como esportes e lazer. Um outro aspecto a ser considerado é quando essas intervenções devem ocorrer. Verificou-se que é aconselhado que na pré-escola, a família monitore o uso dos recursos digitais, evite ao máximo o uso dessas tecnologias e incentive as interações interpessoais sem interferência digital.

Uma pesquisa semelhante sobre dependência de uso da internet foi conduzida com estudantes de Psicologia e psicólogos brasileiros, que informaram dados demográficos, frequência de uso, sintomas de problemas mentais e nível de satisfação com a vida. Os resultados mostraram que todos os participantes avaliados como dependentes da internet apresentaram sintomas mais graves de depressão, ansiedade, estresse e menores níveis de satisfação com a vida. A dependência da internet foi menor entre os psicólogos. A idade foi outro aspecto importante, pois foi verificado que quanto mais velho, menor a dependência. A satisfação com a vida foi menor entre os psicólogos do que entre os estudantes.

Uma pesquisa recente investigou os sintomas emocionais de estudantes universitários de vários cursos de graduação, das áreas de saúde, humanidades e exatas, que se caracterizaram como usuários frequentes das redes sociais. A pesquisa verificou que a idade média era 23 anos, sendo que as alunas do sexo feminino formaram a maioria da amostra. Os participantes responderam a um questionário sobre dados demográficos e a quantidade de uso de mídias sociais como Facebook, Twitter e Instagram, e ainda a uma escala de avaliação da saúde mental.

Os resultados evidenciaram o uso frequente das mídias pelos participantes durante o dia todo, pouco antes de dormir e logo ao acordar. A maioria informou usar as redes entre meia e duas horas antes de dormir, e um contingente semelhante entre meia e duas horas ao acordar. A frequência das checagens das mídias se concentrou nos períodos entre as atividades cotidianas para mais de um terço da amostra, enquanto para quase o mesmo contingente se concentrou em checagens de meia em meia hora durante todo o dia. Os alunos relataram maior uso passivo nas mídias como apenas consulta, mas não muito superior ao ativo, como inserção de conteúdo. O uso passivo foi mais frequente no Facebook e Twitter e mais ativo no Instagram.

Foram relatados sintomas de depressão por um quinto da amostra e ansiedade por um contingente semelhante. Já o estresse foi menos apontado pelos estudantes, limitando-se a cerca de um décimo da amostra. O maior uso do Facebook se associou a maiores índices de depressão, ansiedade e estresse. Vale especificar que os sintomas de depressão se associaram mais ao uso passivo do Facebook e os de ansiedade ao uso ativo na mesma plataforma e do Twitter. Já o Instagram relacionou-se ao estresse, tanto no uso passivo como ativo.

Os autores argumentam que esses resultados podem ser explicados pela vulnerabilidade emocional dessa população, que ainda não atingiu total desenvolvimento de habilidades de autorregulação emocional e resolução de problemas. Essa maior vulnerabilidade pode aumentar a probabilidade do acesso às mídias sociais em uma tentativa de lidar com esses sintomas preexistentes, como a ansiedade provocada pela necessidade de estudar para avaliações. Os sintomas seriam aliviados temporariamente, porém, poderiam piorar depois.

Relatam ainda que a presença de sintomas emocionais negativos, associados à maior frequência de uso passivo, estaria de acordo com outros estudos que constataram essa tendência, como um realizado com uma amostra de 1.193 usuários do Facebook. Esse estudo encontrou relação entre uso passivo da plataforma e redução do bem-estar emocional, pela sensação de solidão, o que foi confirmado em outro estudo que encontrou aumento do sentimento de inveja.

Uma explicação seria que, mesmo o uso passivo, possibilitando o acesso a informações sobre as conexões interpessoais virtuais, não funciona como uma forma de apoio social, que poderia ajudar no enfrentamento dos desafios do contexto universitário. E estes alunos, pela maior vulnerabilidade emocional, tenderiam mais ao uso passivo do Facebook do que os demais estudantes.

No que diz respeito ao uso ativo do Facebook, a pesquisa verificou que desenvolver e manter relacionamentos sociais pode ser fator de proteção para o enfrentamento de estressores próprios do período acadêmico, assim como o manejo de sintomas emocionais. Isso porque se verificou, como colocado antes, que o uso ativo do Facebook foi feito por estudantes com sintomas de ansiedade. Os pesquisadores consideram que a busca da mídia pelos alunos portadores desses sintomas pode ser possivelmente uma estratégia de enfrentamento do desconforto emocional causado pela ansiedade.

A pesquisa também verificou que o uso do Twitter, tanto ativo como passivo, estava associado a sintomas de estresse e ansiedade. Atribuiu às características da rede – como a possibilidade de o usuário manifestar opiniões e sentimentos sem ter de interagir com outras pessoas – o fato de haver associação positiva com os dois tipos de uso. Provavelmente, a percepção de ansiedade pode funcionar como motivação para o uso tanto passivo como ativo das duas bases, embora o primeiro não seja eficaz e, sendo predominante, pode piorar os sintomas.

Já o uso passivo do Instagram não se relacionou com depressão, ansiedade e estresse. Baseados em um estudo anterior, os pesquisadores atribuíram os resultados às características do Instagram. Apontaram que a disponibilidade de uso de imagens e sons pode propiciar aos usuários diminuição do sentimento de solidão e aumentar a sensação de conexão, o que pode auxiliar na supressão de sintomas de ansiedade e depressão.

Os pesquisadores explicam os resultados ainda pela associação positiva que a depressão, a ansiedade e o estresse guardam entre si. No caso, altos níveis de ansiedade podem provocar indiretamente a depressão e o estresse, pelo desgaste que essa emoção provoca no indivíduo. Salientam ainda que o mesmo pode ocorrer com o uso de outras mídias sociais.

Um resultado importante verificado pelos pesquisadores foi que os sintomas emocionais foram encontrados tanto entre usuários casuais, como entre frequentes. Os pesquisadores salientam que tais resultados apontam para a necessidade de se considerar a influência de outros fatores, como as características individuais do usuário e o grau de experiência com as redes. A reação de cada usuário é influenciada pelas suas percepções e experiências anteriores, que podem contribuir para alterações de humor, e tornar até o uso ativo pouco adaptativo.

Concluem que os resultados indicam relação direta de sintomas de depressão, ansiedade e estresse com o uso ativo e passivo das mídias sociais, e que ter informações sobre esse uso pode ser muito importante para a compreensão da saúde mental dos estudantes universitários. Isso porque as mídias sociais são ferramentas importantes que fazem parte da rotina de estudo e lazer dessa população.

Os pesquisadores sugerem que as mídias sociais também sejam usadas como ferramentas para políticas públicas, fornecendo dados sobre sintomas e outras informações para a prevenção de problemas de saúde mental e o encaminhamento adequado, caso seja necessário. Apontam que pesquisas longitudinais podem fornecer dados importantes para a prevenção de problemas de saúde mental.

É importante lembrar que, atualmente, outras mídias, além do Facebook, Instagram, Twitter, têm sido utilizadas por adolescentes e adultos. São elas WhatsApp, YouTube, TikTok, Linkedin e Spotify. São usados também aplicativos de geolocalização, transporte, esportes e elaboração de textos. Já adolescentes informaram que o email só é usado em caso de necessidade, em geral, ligada à escola.

Vale relatar a este respeito de outras plataformas uma pesquisa recente, conduzida pelo Ministério da Justiça brasileiro, que verificou que os sites de apostas on-line, conhecidos como *bets,* têm causado problemas, embora tenham sido regulamentados. A amostra da pesquisa, que contou com a participação de mais de 16 mil pessoas, entre adolescentes maiores de 14 anos e adultos, verificou que mais de um terço dos usuários da plataforma tem algum tipo de problema causado pelo jogo.

A pesquisa verificou que mais da metade dos apostadores são adolescentes, que estão em risco quando são população de baixa renda, porque costumam recorrer a empréstimos para continuar jogando e, então, comprometem o orçamento familiar. Além disso, quase um quarto da amostra revelou que mesmo tendo perdido, jogou novamente na tentativa de recuperar o prejuízo.

Verifica-se, assim, que entre as grandes transformações sociais provocadas pela internet, as mídias sociais têm tido um grande impacto, principalmente na população mais jovem. O papel mais ativo do usuário, que insere conteúdos e interage com outras pessoas, é um aspecto importante porque influencia valores e concepções de si mesmo, que tanto podem ser positivos como negativos. Influi também sobre a saúde mental, que pode ser afetada pelo tipo de uso, mais ativo ou mais passivo.

Outro aspecto a se destacar é o risco de adição, que pode prejudicar não só a saúde física como também a mental, tendo em vista a associação destes problemas com o uso das mídias. E finalmente o risco representado pelas plataformas de apostas merece atenção tanto de educadores, como de profissionais da saúde.

MÍDIAS SOCIAIS E SOCIABILIDADE

Pesquisas verificaram que um aspecto importante da sociabilidade humana, a empatia, diminuiu entre 1979 e 2009. As causas para essa mudança não são consenso. Inclusive não há consenso sobre os efeitos das mídias sociais, isto é, do uso da internet e das tecnologias de comunicação em rede sobre a sociabilidade e sobre a diminuição da empatia. Isso porque tal mudança poderia ser atribuída também a outras transformações sociais, como práticas de educação, ou mudanças culturais, como o aumento no individualismo.

Os pesquisadores que atribuem a diminuição da empatia ao uso das mídias alegam que usuários frequentes da internet que vivem sozinhos revelaram-se pouco empáticos. Por outro lado, outras pesquisas encontraram que o uso frequente da internet torna as pessoas mais confiantes porque favorece trocas e maior participação comunitária. Afirmam que a relação sociabilidade e uso de tecnologia on-line é mais complexa do que o esperado.

Alegam ainda, que a maioria das pesquisas sobre efeitos de uso da tecnologia tem enfatizado a conexão social *versus* isolamento, mas ela pode afetar também a sociabilidade, que inclui, além da empatia, inteligência emocional, tomada de perspectiva e reconhecimento da emoção, como já exposto anteriormente. Embora possam divergir, todos esses processos envolvem a percepção da mente do outro, a teoria da mente. Esta pode sofrer prejuízo se a interação social for maior nas mídias do que presencial.

Porém, deve-se considerar que os impactos sobre as relações interpessoais, a formação da identidade, da personalidade e sentimento de bem-estar são complexos, visto que também dependem de outras variáveis, como a idade do usuário e outros aspectos pessoais. Ao mesmo tempo que as mídias sociais fazem com que um adolescente experiencie um sentimento de comunidade, elas podem fazer com que ele pratique o ostracismo e a alienação do outro. O Facebook é citado como exemplo de mídia que estimula o narcisismo. A geração a que pertence o usuário também tem importância, na medida em que modera os efeitos do uso das redes sobre a sociabilidade. Isto porque já se verificou que as gerações mais jovens tendem a usar muito mais as redes do que as mais velhas.

Além dessas controvérsias sobre os efeitos das redes na sociabilidade, outras ainda são mencionadas. Alguns pesquisadores consideram que as gerações mais jovens, usuárias mais frequentes das redes, são mais egoístas e menos sociáveis. Por outro lado, há pesquisadores que consideram que o acesso às mídias sociais permite a esses jovens complementarem as relações sociais já existentes e, assim, incrementarem a sociabilidade. O nível socioeconômico é outra variável importante, porque favorece mais acesso a mídia on-line, estimulando a sociabilidade.

O acesso às redes também pode afetar outros processos psicológicos, como a ansiedade social. Ao mesmo tempo que provê informações sobre outras pessoas, elas podem despertar insegurança e ansiedade. Por outro lado, também pode aumentar o sentimento de amizade. De todo modo, o acesso às mídias sociais pode incrementar as interações presenciais. Pode, também, influir sobre o sentimento de intimidade, mas de modo ambíguo. Ao mesmo tempo que provê mais oportunidades de interação social e de relações interpessoais mais próximas, estas podem ser prejudicadas por informações falsas que o interlocutor insere em seu perfil.

Vale relatar ainda outras consequências adversas resultantes do uso das redes. Apesar de poder favorecer abertura e tolerância, justamente pela maior diversidade de experiências propiciadas pelo acesso às redes, pode favorecer "nichos" para grupos que se fecham em si mesmos. Estes grupos se reúnem em plataformas como Discord, motivados pela similaridade de ideologia e intolerância em relação às diferenças. A atuação na plataforma Discord, por exemplo, tem provocado problemas em vários usuários. Originalmente destinada para jogos em grupos organizados em redes, tem sido relatado que alguns deles cometem crimes, como exigir enfrentar desafios lesivos à saúde para poder ingressar neles. Também têm sido relatadas chantagens por meio de ameaças de propagar informações negativas falsas.

Por outro lado, como colocado acima, as redes podem também favorecer o abertura, tolerância e acolhimento. Algumas pesquisas confirmaram essa tendência, pois grupos que usam rotineiramente as mídias sociais têm relatado contato com maior diversidade de posições ideológicas do que os que não usam. Já o pertencimento a grupos ideologicamente fechados e nichos pode favorecer o antagonismo e a polarização política.

Os pesquisadores advertem que a tecnologia pode prover oportunidades de interação que podem contribuir para a sociabilidade. Por outro lado, vale lembrar que limitar essas interações ao ambiente virtual pode prejudicar a sociabilidade, restringindo as oportunidades de aprendizagem sobre as reações dos outros, principalmente as visuais, como as indicativas de sofrimento. Porém, como examinaremos a seguir, o ambiente virtual não causa necessariamente esse tipo de problema.

Verifica-se, assim, que a relação das mídias sociais com a sociabilidade é complexa em virtude de outras variáveis estarem presentes e interferirem no poder que essas tecnologias podem exercer sobre os usuários. Mudanças culturais, educação, idade, personalidade, frequência de uso, geração, entre outras, são variáveis a serem consideradas, evidenciando a necessidade de cuidado ao atribuir responsabilidade a um só fator, como o uso de tecnologia.

O IMPACTO DE OUTRAS TECNOLOGIAS

Pesquisadores consideram presença social o indivíduo estar presente, mesmo que virtualmente, em um meio de comunicação.

Alguns pesquisadores caracterizam ainda a presença social como sendo constituída pela intimidade, que por sua vez é influenciada por fatores como distância física, contato visual, e o grau de privacidade do assunto abordado, pessoal ou impessoal. Lembram ainda a importância do grau de distância psicológica que a pessoa coloca entre si e o objeto da fala.

A origem dessas definições nasceu da preocupação de educadores do ensino a distância, mediado por computador, com a presença social na aprendizagem grupal on-line, que consiste na reunião de um pequeno número de alunos, que busca potencializar a aprendizagem por meio de discussões sobre crenças, reflexões e outros processos. Se bem conduzida, pode resultar em ganhos de aprendizagem significativos.

A presença social pode variar de acordo com a mídia suporte. Os usuários de redes em computadores podem projetar suas imagens, tanto reais como falsas, e sentir a presença de outros on-line. Podem também criar comunidades de pessoas que partilham os mesmos interesses, com regras estabelecidas de comum acordo que os unem.

Anteriormente, os ambientes que mais favoreciam o sentido de presença social eram os encontros face a face, em seguida os vídeos de circuito fechado, depois os canais de áudio, e por último o telefone. Nessa época, em que ainda não havia internet, toda comunicação ocorria por transferência do material, via áudio ou vídeo.

Mas, com o advento da internet no início dos anos 1980, surgiram novas formas de comunicação, iniciando a comunicação mediada pelo computador, como por email, fóruns online e mensagens instantâneas. Uma vantagem dessa inovação foi a possibilidade de conservar os conteúdos na memória do dispositivo, permitindo a comunicação assíncrona. Além disso, permitiu a aprendizagem independente do tempo e local, assim como a grupal. Assim, o sentido de presença social foi ampliado, afetando outros processos relacionados, no caso a sociabilidade.

As características descritas não são independentes umas das outras, embora certamente se sobreponham em várias dimensões. O sentido de presença social tem como atributo a sociabilidade, sem a qual não se concretiza. As mídias como Facebook, Instagram, TikTok favorecem a sociabilidade pelos vários tipos de disponibilidade, e por isso são chamadas mídias sociais.

As disponibilidades fornecidas por essas mídias sociais são a possibilidade de autoexpressão, a personalização do conteúdo, a possibilidade de inserir materiais como vídeos e fotos para compartilhar, colocar comentários, criar blogs e grupos. Deve ser lembrada ainda a sociabilidade quando se fala da capacidade dessas ferramentas computacionais e plataformas de evidenciar a presença social de uma pessoa, sua percepção de si, ou da presença social do outro, promovendo assim os aspectos socioemocionais da experiência de aprendizagem.

Mas, por outro lado, considerando a extensão em que há uma rede de relações interpessoais no grupo da aprendizagem on-line, deve ser lembrado que este inclui o sentido de comunidade, clima grupal, confiança mútua, identidade social e coesão grupal. E, finalmente, só invocar a presença social quando se deseja ter o fenômeno psicológico único, em que percebemos outras pessoas como sendo reais enquanto usamos meios computacionais e plataformas virtuais.

Outras tecnologias que valem ser analisadas pela sua influência sobre a sociabilidade são o rádio e a televisão. O rádio, criado no final do século XIX, teve início no Brasil no início do século XX, ganhando grande popularidade por veicular notícias importantes como referentes a guerras, e também entretenimento, como música e novelas. Promoveu também atividades educacionais, como cursos. E, mesmo com o advento de outras tecnologias, o rádio continua sendo relevante para comunidades terem acesso a cultura e notícias locais e globais.

Como colocado anteriormente, outra tecnologia importante, com grande poder de influência sobre o funcionamento psicológico, e, portanto, sobre a sociabilidade, é a televisão. Ela foi implantada no Brasil na década de 1950, com a inauguração da TV Tupi. Desde então a televisão passou por várias mudanças, como a imagem em cores, que chegou ao Brasil na década de 1970, e o surgimento de outras tecnologias, como como videocassete, videogame, e, mais recentemente, a internet.

Desde sua implantação, a TV é uma fonte muito importante de informações para as pessoas, de políticas a culturais. É considerada a ferramenta que contribuiu desde seu início para globalizar o planeta, em virtude da sua rápida disseminação e acessibilidade em termos de custo. Nos países mais afluentes, verifica-se que todo lar tem pelo menos uma televisão.

O impacto dessa tecnologia é considerável e, talvez por isso, tem sido objeto de críticas desde a sua criação. O seu poder de influência sobre comportamentos, preferências, hábitos, costumes no mundo todo é imenso e, por isso, vista frequentemente como negativa e manipuladora. Mas como muitos ponderam, como toda tecnologia, a televisão em si não é boa nem ruim, reflete as práticas e os valores da sociedade que produz seu conteúdo e que veicula. Na sociedade de consumo é a maior aliada dos produtores de bens, comércios e afins.

Um bom exemplo do poder de influência da televisão foi um experimento realizado já na década de 1960, no qual crianças de um grupo eram expostas a um vídeo de um adulto agredindo um boneco inflável. Para efeito de comparação, outro grupo de crianças assistia a outro vídeo que exibia um adulto manipulando outros brinquedos, sem agredir o boneco. Após essa exposição, as crianças das duas situações eram levadas a uma sala com brinquedos, entre os quais estava o boneco inflável. Foi verificado que as crianças expostas ao vídeo com o modelo do adulto agredindo o boneco imitaram o seu comportamento, enquanto aquelas que não foram expostas não o agrediram e usaram outros brinquedos disponíveis na situação.

Esses resultados e de outros estudos por ele inspirados têm fundamentado as críticas e objeções à televisão. Tais críticas se fundamentam principalmente no fato da TV veicular com frequência conteúdos violentos, tanto nas notícias que transmite, como nos materiais de entretenimento, como filmes e seriados.

Além disso, a televisão aberta deixou de veicular a programação infantil como *Sítio do Picapau Amarelo*, terminado em 2005, a *TV Globinho* e depois o *Xou da Xuxa*, dedicado a brincadeiras, desenhos animados e conversas com convidados. Atualmente a única emissora que tem uma programação cotidiana voltada para o público infantil é a TV Cultura de São Paulo, da Fundação Padre Anchieta, apresentando desenhos animados e programas como *Quintal da Cultura*. Algumas emissoras transmitem conteúdos educativos veiculando cursos, que podem ser assistidos em alguns canais específicos.

Já na TV paga, nas últimas décadas, a temática de alguns vídeos infantis nelas veiculados podem ter impacto sobre a sociabilidade. Isto porque eles enfatizam a amizade entre os personagens, assim como várias séries para adultos abordam o cotidiano de grupos de amigos convivendo próximos. É importante ressaltar que tanto as amizades nos vídeos infantis, como nos adultos, os modelos veiculados desde a década de 1990 enfatizam a conexão entre os amigos. As amizades são retratadas não só como algo desejável, mas necessário para o bem-estar pessoal.

Um recurso que foi disponibilizado na década de 1970, inicialmente como um dispositivo para ser acoplado à TV, foram os vídeos jogos, mais conhecidos como videogames. O primeiro videogame comercial foi o Atari, que inicialmente disponibilizava um jogo de futebol, e logo depois o jogo Space Invaders. Na sequência foi criado um jogo de muito sucesso, Pac-Man. E logo depois, em 1983, foi criado o Mario Bros. O jogo tratava de dois irmãos que deviam vencer desafios, como resgatar uma princesa. Outros jogos que foram criados na sequência lidavam com competição, como corridas de carros e esportes.

Ainda na década de 1980, foi criada a plataforma MSX, que era compatível com vários tipos de *hardware* produzidos por diferentes fabricantes, o que contribuiu muito para o seu sucesso. Foram lançados jogos de aventura, depois de luta, como Street Fighter, e guerra. No final da década foram criados os dispositivos de jogos portáteis Game Boy, acompanhado por um acessório contendo jogos. Essa inovação potencializou muito o mercado de jogos.

Na década de 1990 foram criados novos dispositivos, como o Play Station, jogos violentos para computador, como Mortal Kombat, que receberam muitas críticas, o que resultou na adoção da classificação por faixa etária. Nos anos 2000, foram lançados mais jogos violentos, como Man Hunt e Resident Evil, também alvo de muitas críticas. Os dispositivos foram se tornando cada vez mais autônomos e portáteis, não só não dependendo mais da TV, como ainda do computador. As críticas feitas a esses jogos são pertinentes porque pesquisas constatam relação entre frequência de jogo e maior agressividade dos jogadores, o que certamente tem impacto sobre a sociabilidade.

Atualmente, a distinção entre TV e internet perdeu importância, na medida em que o conteúdo da TV está cada vez mais disponível em plataformas como YouTube ou da própria produtora, podendo ser vista em dispositivos portáteis. Esta maior disponibilidade de acesso torna o conteúdo veiculado, como o das amizades, ainda mais influente em vista da sua repetição sempre que desejado. Vale lembrar que amigos, colegas de trabalho, de bairro e outras afinidades têm se organizado em grupos sediados em redes disponíveis em plataformas, o que favorece a sociabilidade. Entretanto, muitas das plataformas gratuitas são monitoradas por algoritmos que observam gostos e hábitos de consumo e opiniões políticas, o que deve ser objeto de cautela.

Concluindo, temos vivido grandes transformações sociais provocadas pela tecnologia, cujo impacto sobre a sociabilidade não é desprezível. Inicialmente, as mudanças foram provocadas pelo rádio e pela televisão e, subsequentemente, pela internet, que favoreceu maior interatividade com o surgimento das mídias sociais. Essas tecnologias têm tido impacto considerável, não só sobre a vida cotidiana, mas sobre o funcionamento psicológico, tanto em termos da sociabilidade, como da saúde mental do usuário. Isto porque podem interferir na sua autoimagem, seus valores, e até favorecer riscos como a adição, que podem ter impacto considerável sobre a sua vida de modo geral. Não devem ser esquecidos fatores importantes que podem interferir sobre o poder das mídias, como características dos usuários, como idade, geração a que pertencem, cultura e outras, que sinalizam a importância de não assumirmos uma posição determinista, atribuindo responsabilidade a um só fator, como a tecnologia.

Sugestões de leitura

GODOI, P. P. et al. Mídias sociais e sintomas emocionais de estudantes de uma universidade privada. *Psicologia: ciência e profissão*, v. 44, e260371, p. 1-15, 2024. Disponível em: https://doi.org/10.1590/1982-3703003260371. Acesso em: 25 mar. 2025.

FERRARIO, C. M. Conexión, conectividad y socialidad online. Un acercamiento a la evolución de las redes sociales en la web 2.0. *Question*, v. 1, n. 60, e120, 2018. Disponível em: https://doi.org/10.24215/16696581e120. Acesso em: 25 mar. 2025.

LITTLEPAGE, Mary K. Mitigating the negative effects of over and early exposure to media with joint media engagement: a literature review. *The Journal of the Teacher Education Division of the Kentucky Council for Exceptional Children*, v. 11, n. 2, p. 9, 2024. Disponível em: https://doi.org/10.61611/2995-5904.1059. Acesso em: 25 mar. 2025.

LIU, J. Y. et al. Anxiety mediated the relationship between bullying victimization and internet addiction in adolescents, and family support moderated the relationship. *BMC Pediatrics*, v. 25, n. 8. Disponível em: https://doi.org/10.1186/s12887-024-05348-z. Acesso em: 25 fev. 2025.

PACHECO FLORES, A. G.; GUERRERO AZPEITIA, L. A. Medios audiovisuales y desarrollo de la empatía en adolescentes. *Tecnología, Ciencia y Educación*, v. 30, p. 143-168, 2025. Disponível em: https://doi.org/10.51302/tce.2025.21359. Acesso em: 25 fev. 2025.

SANTOS, F. C.; CYPRIANO, C. P. Produção de subjetividade em blogs e microblogs *Educação e Sociedade* v. 26, n. 3, p. 685-695. Disponível em: https://doi.org/10.1590/S0102-71822014000300017. Acesso em: 24 mar. 2025.

SARNO, S. M. G. Infância na contemporaneidade: a significativa interação das crianças com webcelebridades. *Psicologia: ciência e profissão* v. 42, e242032, p. 1-12, 2022. Disponível em: https://doi.org/10.1590/1982-3703003e242032. Acesso em: 25 fev. 2025.

SOUZA, C. C.; LEÃO, G. M. P. Ser jovem e ser aluno: entre a escola e o Facebook. *Educação & Realidade*, v. 41, n. 1, p. 279-302, 2016. Disponível em: http://dx.doi.org/10.1590/2175-623655761. Acesso em: 25 fev. 2025.

VERMELHO, S. C. et al. Refletindo sobre as redes sociais digitais. *Educação e Sociedade*, v. 35, n. 126, p. 179-196, 2014.

WAYTZ, A.; GRAY, K. Does online technology make us more or less sociable? A preliminary review and call for research. *Perspectives on Psychological Science*, v. 13, n. 4, p. 473-491. Disponível em: https:// doi.org//10.1177/1745691617746509. Acesso em: 25 mar. 2025.

Conclusões

Objeto deste livro, a sociabilidade define-se como a capacidade que temos de interagir de modo adequado com nossos congêneres, provavelmente porque nos conferiu vantagem adaptativa. Em virtude dessa vantagem, possivelmente a sociabilidade é uma capacidade hereditária, mas moldada por diversos fatores, além da herança genética. São eles: idade, sexo, desenvolvimento psicológico, aprendizagem e personalidade – fatores aqui analisados.

A aprendizagem é uma característica da nossa sociabilidade, que nos distingue dos animais. Isso porque a nossa aprendizagem ocorre não apenas por observação e imitação, como os outros animais, mas também por vias como a linguagem, com o progresso do desenvolvimento. Através das trocas verbais com outras pessoas, podemos aprender sem ter que observar diretamente algo, como, por exemplo, informações abstratas, imaginárias, ou mesmo dados concretos a que não temos acesso visual, como a arquitetura típica de outro país. Assim, fatores ambientais, como a cultura, estilo de criação da família, relações estabelecidas na escola e outros têm extrema relevância. Além dessas fontes de influência, nossa sociabilidade pode ser afetada por fatores físicos, como distúrbios que afetam a interação e comunicação com outras pessoas, como surdez, cegueira ou o Transtorno do Espectro Autista.

Foi analisado como outros processos influem na sociabilidade, à medida que ela se desenvolve no indivíduo, como a personalidade. Esse desenvolvimento vai envolver uma capacidade importante para a sociabilidade, a empatia, que depende da evolução de outros processos psicológicos, como a tomada de perspectiva. A cultura merece destaque entre os ambientais que influem sobre a sociabilidade, pela maior ou menor valorização da convivência harmoniosa entre as pessoas. Os valores que orientam as condutas dos membros de um grupo, como a forma de criação dos filhos, o modo como a sociabilidade deve ser manifestada, têm impacto sobre o relacionamento entre os indivíduos, como a aprovação ou condenação do estilo de enfrentamento aos conflitos interpessoais.

Um tipo de conflito interpessoal que mereceu especial atenção neste liveo foi o *bullying*, pois ele afeta a sociabilidade de modo expressivo. As provocações repetidas que o caracterizam, perpetradas por um agressor, que assedia a vítima para se destacar como espirituoso, ou mesmo intimidador, devem receber especial atenção dos educadores pelos danos que podem causar não só na vítima, mas em todo o ambiente.

Os fatores ambientais são os que mais se mostram promissores para intervenções de melhoria da sociabilidade, principalmente as dirigidas aos conflitos interpessoais que ocorrem nas instituições educacionais. Eles podem ser provocados pelo assédio, como o *bullying*. Este problema tem se agravado em virtude do avanço da internet, que favoreceu o assédio virtual nas redes, o chamado *cyberbullying*, a agressão cometida nas redes sociais, jogos ou mensagens de celular. Conforme examinado, esta modalidade de intimidação pode causar danos ainda mais graves do que o presencial, pela disseminação mais ampla do assédio, pelo anonimato e pela sua durabilidade nas redes, o que dificulta a intervenção dos educadores para interrompê-lo. Em virtude dessas especificidades e das consequências, tanto do assédio presencial como do virtual, foi promulgada uma lei pelo Senado Federal brasileiro que estabelece as punições para esse tipo de prática.

A ocorrência do *bullying* merece toda atenção dos educadores, tanto da família como da escola, que devem cuidar mais da formação dos jovens para que não só não cometam este tipo de delito, mas também para que mantenham valores contrários a ele. A educação para a formação ética dos jovens é essencial para se evitar que ocorram problemas como o *bullying* e o *cyberbullying*, que podem afetar negativamente a vida das vítimas desse tipo de agressão.

Foi salientado que, no que concerne à família, o estilo de criação que mais favorece a adesão aos valores e a sociabilidade é o caracterizado como democrático, no qual as regras estabelecidas pelos pais são explicadas e justificadas aos filhos. Com isso, os pais garantem mais autonomia e responsabilidade aos filhos, que sentem mais segurança por conhecerem as regras e saberem como proceder, resultando em um desenvolvimento mais saudável e, portanto, boa sociabilidade.

Outras variáveis familiares que favorecem a sociabilidade foram também examinadas, no caso, a constituição familiar, que, quando nuclear, garante maior estabilidade nas práticas de educação aos filhos; e a situação econômica, que, quando instável, provoca estresse nos responsáveis e pode prejudicar a educação.

No que diz respeito ao papel da escola na sociabilidade, foi analisada a complexidade envolvida pela diversidade de experiências que ela oferece, como a convivência com pares de idade e de origens mais diversas, que enriquecem a experiência e ampliam as possibilidades de desenvolvimento da sociabilidade. Foi analisada também a diversidade que caracteriza o ambiente escolar, que pode favorecer a ocorrência de mais conflitos, inclusive assédio como *bullying*, perpetrado inclusive por professores. E, ainda, foram analisadas formas de intervir sobre esses problemas, que têm sido bem-sucedidas a curto prazo, evidenciando a necessidade de mais pesquisas que avaliem a efetividade dessas medidas por períodos mais longos de tempo.

Outra conclusão ressaltada como importante é a necessidade do estabelecimento de regras claras pela escola quanto à convivência, o que atinge diretamente a aprendizagem e desenvolvimento da sociabilidade. Resultados de pesquisa mostram que a ausência dessas regras para coibir conflitos como o *bullying*, além de potencializá-los, pode prejudicar muito as vítimas pelo sofrimento prolongado.

Além dessas regras, é necessário formar os docentes e gestores para saber como intervir adequadamente nos conflitos e no *bullying*, para, assim, promover a boa convivência e o desenvolvimento da sociabilidade. Os docentes devem ser orientados também a não utilizar o assédio como forma de intervenção para corrigir falhas dos alunos, usando outras formas de ação sobre elas.

Foi analisado também que o comprometimento do ambiente pelo *bullying* não se limita às escolas, sendo encontrado com frequência em organizações, onde ocorre por desigualdade de poder entre os membros, seja ligado a posição, como o perpetrado por superiores contra os subordinados, representado por sobrecarga de trabalho ou mesmo tratamento desrespeitoso. Também se observa frequentemente assédio por preconceito de gênero de homens contra mulheres nesses ambientes.

Conclui-se,e assim, que também os ambientes organizacionais, caracterizados por pouca organização pelo desequilíbrio de poder entre as instâncias superiores e os subordinados, favorecem a violência na forma de *bullying*. Esse tipo de assédio causado pela diferença de poder deixa a vítima sem ter a quem recorrer para corrigir a situação, e frequentemente provoca adoecimento. Nesse sentido, também esses ambientes necessitam de intervenção para coibir o assédio. Mas, antes, são necessárias mais pesquisas que verifiquem a durabilidade das medidas tomadas a longo prazo.

Um outro fator que intervém sobre a sociabilidade é a tecnologia, inicialmente pelo rádio e televisão, e mais recentemente a internet, que trouxeram profundas transformações nos hábitos dos seus usuários, e assim na sociedade. Além disso, vale lembrar que o uso frequente da internet pode ser um fator de risco para a saúde, dependendo da idade e de outras variáveis do usuário, podendo estimular hábitos nocivos, e favorecer a adição às redes, causando problemas psicológicos como ansiedade e depressão. Seu impacto sobre a sociabilidade é considerável, visto que tanto pode favorecer a convivência através das mídias sociais, como prejudicá-la, através de *cyberbullying*, nas redes sociais, em sites que pregam preconceito e ódio, ou em plataformas de jogos. Tais usos podem resultar ainda em vício em apostas, que indiretamente comprometem a sociabilidade por, frequentemente, comprometerem a estabilidade financeira, e com isso, a relação com outras pessoas da família.

Nesse sentido, algumas recomendações para os educadores podem ajudar a diminuir os riscos. Os pesquisadores advertem que profissionais da saúde e da educação devem ficar atentos ao uso das tecnologias e que sejam adotadas medidas para prevenir e acompanhar os jovens, dado que mais da metade dos pesquisados revelou ter problemas de adição à internet. É essencial que o ambiente educacional também esteja atento e capacitado para alertar os alunos sobre os riscos envolvidos no uso da internet. Aconselham que sejam adotadas nas escolas medidas de incentivo à atividade física, como esportes e lazer. Um outro aspecto a ser considerado diz respeito a quando essas intervenções devem ocorrer. Verificou-se que é aconselhável que já na pré-escola a família monitore o uso dos recursos digitais e incentive as interações interpessoais sem interferência digital.

Vale lembrar que atenção também deve ser dada aos jovens, cujo uso das mídias sociais na internet pode levar a depressão, ansiedade e estresse. Ter informações sobre esse uso pode ser muito importante para a compreensão da saúde mental dos estudantes, mesmo os que já estão na universidade. Isso porque as mídias sociais são ferramentas importantes que fazem parte da rotina dessa população. Nesse sentido, os pesquisadores sugerem que as mídias sociais também sejam usadas como subsídio para políticas públicas, fornecendo dados sobre sintomas e outras informações para a prevenção de problemas de saúde mental e o encaminhamento adequado, caso seja necessário.

Quanto à família, especialistas em desenvolvimento aconselham que se estabeleçam limites por meio de regras claras em relação não só aos estudos, mas também sobre a conduta em todos os ambientes em que os filhos convivem. Essas regras devem deixar claros os valores em que se baseiam, como honestidade, respeito e consideração pelos outro, para que sejam compartilhados desde cedo pelos filhos. Além disso, os pais devem conversar com os filhos sobre a convivência social e a sociabilidade. Devem discutir com eles no que consiste assédio como o *bullying*, e como podem se defender, para encorajá-los a pedir ajuda quando assediados, apelando para eles e também para docentes e gestores nas escolas.

Os pais devem ainda ficar atentos a mudanças de comportamento e mesmo de humor dos filhos, como maior tendência ao isolamento quando estão em casa. Os especialistas aconselham que, além de exercer a autoridade sem apelar para a violência, estabelecendo regras, os pais monitorem o uso de tecnologias como computador e celular para verificar o que os filhos estão fazendo, que conteúdos estão acessando e controlar possíveis riscos a que podem estar expostos.

As escolas podem colaborar com a família na prevenção e no combate ao *bullying*, fornecendo informações sobre essas ações de educação dos filhos em palestras e discussões com os pais. Além disso, envolver ativamente os alunos e a família na promoção de um bom ambiente de convivência na escola, com prevenção de violência no enfrentamento dos conflitos interpessoais, da ocorrência de *bullying* e, assim, desenvolvendo a sociabilidade.

Bibliografia complementar

BEANE, Allan L. *Proteja seu filho do* bullying: impeça que ele maltrate os colegas, ou seja maltratado por eles. Rio de Janeiro: Best Seller, 2009.

BRASIL. Lei 13.185, de 2015 Senado Federal. Disponível em: https://www.planalto.gov.br/ccivil_03/_ato2015-2018/2015/lei/l13185.htm. Acesso em: 05 jun. 2025.

BRAZIER, Fabio; BARROS, Adelir Aparecida Marinho de (orgs.). *Formação continuada de professores e práticas pedagógicas:* desafios e possibilidades do século XXI. Jundiai: Paco, 2021. (Coleção Educação)

CAETANO, Luciana Maria (org.) *Contribuições cinematográficas para o desenvolvimento infantil.* São Paulo: Instituto de Psicologia da Universidade de São Paulo, 2022. E-book.

CAIAFA, Janice; ELHAJJI, Mohammed (org.). *Comunicação e sociabilidade*: cenários contemporâneos. Rio de Janeiro: Mauad, 2007.

COSTA, Rodney; SILVA, Nelson Pedro da. *A escola adoecida*: ansiedade, depressão e síndrome de *burnout.* Belo Horizonte: Caravana, 2020.

DEJOURS, Christophe. *A Loucura do Trabalho*: estudo de Psicopatologia do Trabalho. 5. ed. São Paulo: Cortez / Oboré, 1997.

DEL PRETTE, Almir; DEL PRETTE, Zilda Pereira (orgs.). *Relacionamento interpessoal.* Estudos e pesquisas. Petrópolis: Vozes, 2019.

GARCIA, Agnaldo (org.). *Relacionamento interpessoal*: estudos e pesquisas. Vitória: GM Gráfica e Editora, 2006.

SANTOS, Manoel Antonio dos; BARTOLOMEU, Daniel; MONTIEL, José Maria (orgs). *Relações interpessoais no ciclo vital*: conceitos e contextos. São Paulo: Vetor, 2017.

SATO, Leny; ESTEVÃO, João; ÈVORA, Iolanda (orgs.). *Trabalho informal ou reconhecendo as profissões ignoradas*: contribuições da Psicologia Social e do Trabalho. Coimbra: Almadina, 2014.

TOGNETTA, Luciene Regina Paulino; LEME, Maria Isabel da Silva; VINCENTIN, Vanessa Fagionatto. *Quando os conflitos nos pertencem:* uma reflexão sobre as regras e a intervenção aos conflitos na escola que pretende formar para a autonomia. Campinas: Mercado das Letras, 2013.

VINHA, Telma Pileggi; NUNES, Cesar Augusto Amaral. *Da escola para a vida em sociedade*: o valor da convivência democrática. Americana: Adonis, 2017.

A autora

Maria Isabel da Silva Leme é psicóloga e docente do Instituto de Psicologia da Universidade de São Paulo. Além de lecionar, pesquisa aspectos relevantes do processo de aprendizagem, como a sua transferência, por meio da solução de problemas, os conflitos interpessoais, suas influências e suas formas de manifestação, como o *bullying* que afeta a sociabilidade.

GRÁFICA PAYM
Tel. [11] 4392-3344
paym@graficapaym.com.br